佛山制造业供给质量与全要素生产率提升研究

刁生富　杨冰之　徐瑞萍　著

电子工业出版社
Publishing House of Electronics Industry
北京·BEIJING

图书在版编目 (CIP) 数据

佛山制造业供给质量与全要素生产率提升研究/刁生富，杨冰之，徐瑞萍著. 一北京：电子工业出版社，2018.6

ISBN 978-7-121-34229-5

I. ①佛…　II. ①刁…②杨…③徐…　III. ①制造工业－产业发展－研究－佛山　IV. ①F426.4

中国版本图书馆 CIP 数据核字（2018）第 107348 号

策划编辑：米俊萍
责任编辑：米俊萍　　　文字编辑：赵　娜
印　　刷：北京虎彩文化传播有限公司
装　　订：北京虎彩文化传播有限公司
出版发行：电子工业出版社
　　　　　北京市海淀区万寿路 173 信箱　　邮编：100036
开　　本：720×1000　1/16　印张：13　字数：230 千字
版　　次：2018 年 6 月第 1 版
印　　次：2018 年 12 月第 2 次印刷
定　　价：69.00 元

凡所购买电子工业出版社图书有缺损问题，请向购买书店调换。若书店售缺，请与本社发行部联系，联系及邮购电话：(010) 88254888，88258888。

质量投诉请发邮件至zlts@phei.com.cn，盗版侵权举报请发邮件至dbqq@phei.com.cn。

本书咨询联系方式：mijp@phei.com.cn。

前　　言

当前，中国特色社会主义进入了新时代，我国经济已由高速增长阶段转向高质量发展阶段，正处在转变发展方式、优化经济结构、转换增长动力的攻关期。党的十九大报告提出，建设现代化经济体系，必须把发展经济的着力点放在实体经济上，把提高供给体系质量作为主攻方向，显著增强我国经济质量优势。质量是企业竞争力的核心要素，也是综合国力的集中反映。从发达国家工业化历程看，制造业普遍经历了从低端粗放到高端精良的质量演进过程，最终通过高品质产品赢得领先地位和国际声誉。产品质量好是制造业强大的重要标志。随着新一轮产业革命和科技革命的孕育兴起，全球制造业格局面临重大调整，全球制造业已经向更多维度、更深层次、更高水平的全方位竞争阶段发展。显然，中国制造业已经走完上半场（规模体量），下半场需要的是抓质量、创品牌，把提高产品和服务质量作为立业之本和转型之要，抓住"一带一路"机遇，注重创新，弘扬工匠精神，提升产品高附加值，提高供给质量，实现产业转型升级。佛山市是制造业大市，但还不是制造业强市，其中一个重要原因是制造业供给质量和全要素生产率不够高。因此，围绕建设中国制造业一线城市、打造国家制造业创新中心的目标，研究如何全面提升制造业供给质量，如何在供给侧结构性改革背景下提升全要素生产率，如何紧紧抓住新一代信息技术和人工智能技术快速突破的机遇推进新型智慧城市建设以提升治理体系和治理能力的现代化水平，对佛山经济和社会发展具有重要的现实意义。本书对这三个相互关联的课题进行了初步的研究。

本书是佛山市人民政府决策咨询重大课题和佛山市经信局智慧佛山研究课题的阶段性成果。这些课题的研究得到了佛山市政府研究室张美华主任、佛山市经信局有关领导、佛山科学技术学院郝志峰校长及经济管理与法学院罗锋院长和刘军书记等领导的高度重视和大力支持；在调研过程中，佛山市政府相关部门、行业协会和重点企业的领导参加了座谈会，提出了许多宝贵建议；刘佳、姚志颖、刁宏宇、邓凯、姜德峰、刘林英、袁淑君、陈天幸等也先后参加了相关课题的研究；姚志颖、刁宏宇协助进行了统稿；在报告写作过程中参考了大量国内外相关研究文献；佛山科学技术学院资助了本书的出版。对以上所有单位和个人，笔者在此一并致以最真诚的感谢！对书中存在的缺点乃至错误之处，敬请读者批评指正。

目　录

上篇　佛山市全面提升制造业供给质量研究

下篇　供给侧结构性改革背景下的佛山全要素生产率提升研究

目录

附篇 佛山智慧城市进展研究

上　篇
佛山市全面提升制造业
供给质量研究

引　言

　　当前，中国特色社会主义进入了新时代，这是我国发展新的历史方向。我国经济已由高速增长阶段转向高质量发展阶段，正处在转变发展方式、优化经济结构、转换增长动力的攻关期，建设现代化经济体系是跨越关口的迫切要求和我国发展的战略目标。党的十九大报告提出，建设现代化经济体系，必须把发展经济的着力点放在实体经济上，把提高供给体系质量作为主攻方向，显著增强我国经济质量优势。

　　质量是企业竞争力的核心要素，也是综合国力的集中反映。从发达国家工业化历程来看，制造业普遍经历了从低端粗放到高端精良的质量演进过程，最终通过高品质产品赢得领先地位和国际声誉。产品质量好是制造业强大的重要标志。当前，新一轮产业革命和科技革命正在孕育兴起，全球制造业格局面临重大调整，全球制造业已经向更多维度、更深层次、更高水平的全方位竞争阶段发展。在这一背景下，我国制造业发展也面临着"三重挤压"：在中低端领域，发展中国家之间的低成本、低价格竞争日趋激烈；在中高端领域，发达国家牢牢把控重点行业和领域的关键核心技术，以品牌质量稳占竞争高地，并在创新设计、关键技术创新、国际标准制定等方面掌握着话语权；虚拟经济的自我循环造成实体经济供给与房地产供给、金融供给之间存在严重的结构性失衡，进而使制造业资金紧缺、资本成本高。显然，中国制造业已经走完上半场（规模体量），下半场需要的是抓质量、创品牌，把提高产品和服务质量作为立业之本和转型之要，抓"一带一路"机遇，注重创新，弘扬工匠精神，提升产品高附加值，提高供给质量，实现产业转型升级。

　　作为全国制造业转型升级的试点城市，佛山紧跟中央供给侧结构性改革的步伐，及时出台《佛山市供给侧结构性改革总体方案（2016—2018 年）》和《中国制造 2025 佛山行动方案》，以加快产业结构战略性调整为导向，加快推进供给侧结构性改革，提高佛山制造业供给质量，推动佛山社会生产力水平整体跃升，为佛山率先全面建成小康社会提供强大经济支撑。佛山是制造业大市，但还不是制造业强市，其中一个重要原因是制造业供给质量不够高。因此，围绕建设中国制造业一线城市、打造国家制造业创新中心的目标，研究推动制造业转型升级、全面提升制造业供给质量，有着重要的现实意义。

要想提升佛山市制造业供给质量，就要求我们先理解什么是"供给质量"及"供给质量"包含哪些层面？质量，在微观层面常被分为产品质量、服务质量、工程质量和环境质量等各个方面；在宏观层面，则经常使用经济发展质量、经济增长质量和效率，甚至还有人提出所谓的"GDP 质量"。国际标准化组织在 ISO9000 中将质量界定为一组固有特性满足相关方要求的程度。由此可见，"供给质量"就是供给侧所具有的特性满足需求侧要求的程度。换言之，供给质量决定了供给对需求的适应程度。供给质量可以分为供给体系质量和供给要素质量。供给体系质量是指产品、企业和产业等所具有的特性来满足需求的程度，包括产品质量、产业质量和企业质量。而供给要素质量就是人才、资本、创新、环保等生产要素所具有的特性来满足需求的程度。因此，要全面提升佛山市制造业供给质量，就需要明确佛山市制造业在"供给体系质量和供给要素质量"两大方面所存在的问题，进而借鉴国内外先进经验，制定和完善相应的对策，提高佛山制造业供给质量，实现由"制造大市"向"制造强市"的转变。

通过调研发现，佛山市在制造业供给质量方面存在的问题主要为"233"矛盾。其中，"2"表示佛山市制造业供给质量问题主要表现在"供给体系质量和供给要素质量"两大方面；第一个"3"是指在供给体系质量方面存在的问题主要表现为产品供给质量、产业供给质量和企业供给质量三个层面。在产品供给质量层面，主要存在"三高一化"产品供给能力不足、品牌供给能力有待提升的问题；在产业供给质量层面，主要存在产能过剩问题突出、"四新"产业全球竞争力较低的问题；在企业供给质量层面主要存在"僵尸企业"仍需清理、优质企业数量较少的问题。第二个"3"是指在供给要素质量方面存在的问题，主要表现为三大要素"创、人、政"，具体表现为：创新水平有待提高、人才供需矛盾长期存在、政府引导有待加强。在创新要素上，主要存在自主创新意识薄弱、知识产权保护力度不足、新型研发机构力量薄弱的问题；在人才要素上，主要存在人资红利削弱、劳动力成本上升、人才引进深度有待加强和人才培育结构缺乏调控的问题；在政府要素上，主要存在权力下放力度较小、管理体制有待健全和政府服务效率仍需提升的问题。

通过研究分析国内外在提升制造业供给质量的具体措施，归纳总结出国内外可借鉴的经验做法主要有五点：第一，坚持质量第一。国外在推动制造业发展过程中非常重视"质量第一"的理念，并将此理念融贯在每一个环节。如德国通过建立完备的法律法规、标准、认证等制度体系，形成产品质量事前管理、事中监控、事后处理的一整套程序；建立严格的产品质量监管体系；建立配套的标准、检测、认证中介服务体系，提供公平、公正的服务等以提升产品质量。其标准化协会（DIN）制定的标准几乎涵盖所有领域，且绝大多数被欧洲及世界各国广泛采用。第二，推动"两化"深度融合。无论美国的"工业互联网"还是德国的"工业 4.0"战略，都将信息化与工业化深度融合，以信息化促工业化，提高制造业劳动生产力，提高产品的精细度。第三，注重专业人才队伍培养。国内外都非常重视制造业专业人才队伍的培养，如德国开创和实行独特的"双轨制"职业教育体系；瑞士有针对性的高中分流教育，以改变社会因教育体制对制造业人才的歧视，通过调整部分高校人才培养目标和培养模式来培育高素质和专业化的人才等。第四，重视创新研发。技术改造与技术创新是提升制造业供给质量的关键动能，通过制定和实施不同的举措来推动技术向智能化、智能制造、机器换人、"互联网+"等方向发展。第五，植根民族文化。民族文化是一个民族的精神灵魂。文化作为一种精神力量，在实践过程中能够转化为物质力量，推动产业发展。发挥民族文化的精神作用，有利于提振工人的精神士气，也有利于制造业供给质量的提升。如德国的专注和精益求精的民族文化、日本的认真勤奋的民族文化等，以及各企业文化，如大众公司在企业中树立"精益求精"的质量理念；西门子公司提倡"以新取胜，以质取胜"的理念；丰田公司创造的"精益生产"；松下公司提出四个"千方百计""以满足用户要求为准则"等。

在了解佛山市制造业存在的问题和借鉴国内外先进经验的基础上，围绕"供给体系质量和供给要素质量"存在的问题提出了如下对策：在提升供给体系质量上主要从"努力消除无效供给、尽力减少低端供给、着力扩大有效供给和积极创造新型市场供给"四个方面着手；在提升供给要素质量上主要从"提升创新能力、合理配置人才、加强政府引导"三个方面协同推进。具体如下。

提升供给体系质量方面：在努力消除无效供给方面，主要从明确禁止新增落后产能、积极稳妥出清"僵尸企业"和控制能源消费总量三方面着手；在尽力减少低端供给方面，主要从积极有效化解存量过剩产能和严控"两高一资"行业发展两方面着手；在着力扩大有效供给方面，主要从夯实质量技艺基础、健全质量标准体系、推动质量品牌升级和提高企业质管能力四方面着手；在积极创造新型市场供给方面，主要从积极拥抱大数据，推进个性化定制；搭建智能创新平台，加快智能化制造；发展生产性服务业，推进服务型制造；抓住"一带一路"战略机遇，构建开放新格局四方面着手。

提升供给要素质量方面：在提升创新能力方面，主要从激发质量创新创造活力和完善知识产权保护机制两方面着手；在合理配置人才方面，主要从完善人才引留政策、增强人才的归属感，大力培育质量专才、夯实质量人才基础，加强人才载体建设、扩展人才培养渠道三方面着手；在加强政府引导方面，主要从深化行政体制改革、加大"放管服"改革力度，牢固树立质量意识、营造重视质量的社会氛围，加强质量制度建设、坚持促发展和保底线并重，打造公平竞争秩序、优化质量建设的市场环境，弘扬工匠精神、抓住提升供给质量之关键五个方面施策。

一、佛山市制造业供给质量现状分析

（一）佛山市制造业供给质量整体情况

近年来，佛山市大力推进产业转型升级，经济综合实力不断迈上新台阶。地区生产总值从 2011 年的 6 580.28 亿元提高到 2016 年的 8 600 亿元，5 年跨越两个千亿元台阶，年均增长率为 8.5%；规模以上工业总产值从 1.44 万亿元提高到 2.06 万亿元，年均增长率为 9.9%；全社会固定资产投资从 1 933.96 亿元提高到 3 490.85 亿元，年均增长率为 12.5%。经济结构持续优化，三次产业比重由 2011 年的 1.9:62.1:36 调整为 2016 年的 1.8:59.2:39。抢抓珠江西岸先进装备制造产业带来的建设机遇，加快打造万亿规模的先进装备制造业产业基地，引进一汽大众、北汽福田、中国中车、千山药机等一批重大项目。制造业提质升级，成为国家制造业转型升级综合改革试点，依托智能制造推动产业结构优化升级获国务院通报表扬。民营工业对全市工业增长贡献率从 2011 年的 65.5% 提高到 2016 年的 78.7%，美的、碧桂园跻身福布斯世界企业 500 强。创建国家创新型城市成效突出，全社会研发经费支出占地区生产总值比重从 2011 年的 1.9% 提高到 2016 年的 2.62%，成为国家知识产权示范城市，佛山国家高新区获批创建珠三角国家自主创新示范区。

持续深化改革开放，发展动力活力不断增强。深化行政体制改革，在全省率先编制实施市区两级政府部门权责清单，"一门式一网式"政府服务模式、商事登记制度、企业投资"三单"管理体制等改革取得阶段性成果。社会信用体系和市场监管体系建设全面展开。打造不是自贸区的"自贸区"，在全省率先上线试运行中国（广东）国际贸易"单一窗口"，"互联网+易通关"全面实施，成为全省法治化、国际化营商环境试点城市。积极主动推进广佛肇清云韶经济圈建设，加强粤港澳高端服务业合作，发起推动粤桂黔高铁经济带建设，区域一体化水平全面提升。企业"引进来"和"走出去"步伐加快，发起成立中德工业城市联盟，对外合作交流日益密切。

（二）佛山市提升制造业供给质量的主要做法

1. 积极贯彻落实《中国制造 2025》

自 2015 年 5 月初国务院印发《中国制造 2025》后，佛山市第一时间抓好贯彻落实，于 2015 年 6 月下旬印发《中国制造 2025 佛山行动方案》，明确提出要实施"创新体系建设、智能制造发展、工业强基提质、质量品牌提升、绿色改造升级"五个专项行动，重点发展"新一代信息技术、智能制造装备、汽车制造业、新能源装备、节能环保装备、生产性服务业"六大领域。同时，佛山市自 2015 年开始就率先提出申报"中国制造 2025"试点示范城市并开展了大量基础性工作。2016 年成功推动珠江西岸六市获得批复创建"中国制造 2025"试点示范城市群。2017 年年初，佛山市出台《创建"中国制造 2025"试点示范城市群佛山市实施方案（2017—2019 年）》，基于本地特色，研究提出佛山市推进"中国制造 2025"试点示范的创新举措。在"中国制造 2025"试点示范企业未有统一标准的情况下，率先探索制定评价标准体系，出台《佛山市创建"中国制造 2025"试点示范企业工作方案》和《佛山市"中国制造 2025"试点示范企业评定标准（试行）》，在佛山市装备制造、家电、陶瓷、家具、金属加工等支柱行业选取了 121 家骨干企业作为试点示范创建企业。2016 年评选出 36 家佛山市"中国制造 2025"试点示范企业，2017 年佛山市"中国制造 2025"试点示范企业申报工作已启动。

2. 推动"两化融合"，提升制造业供给质量

佛山市加快推进信息基础设施建设。制定实施信息基础设施三年建设实施方案，全市光纤入户率超过 97.3%，全市共建设公共场所免费 AP 接入点约 3.4 万个，极大地方便了广大市民上网。2016 年全市电子商务交易额约为 5 050 亿元。佛山市被评为国家信息消费示范城市、中国城市信息化 50 强、中国十大智慧城市等。同时佛山市还加快信息化与工业化深度融合。积极落实国务院《关于深化制造业与互联网融合发展的指导意见》。举办中国制造业与互联网融合发展高峰论坛暨 2016 制造业与互联网融合发展深度行（佛山站）。出台《佛山市大数据发展"十三五"规划》，推进工业大数据应用，打造"佛山市数据开放平台"，广东福能大数据产业园成功获批首批广东省大数据产业园。率先实施"互联网+"行动计划，引导近千家企业开展互联网技术应用推广，带动 1 万家传统企业与互联网企业跨界融合。举办中国（广东）国际"互联网+"博览会，推动相关项目、技术、信息、人才在佛山集聚，为制造业拥抱互联网搭建平台。顺德区北滘镇入选广东省首批"互联网+"培育小镇。一批传统制造企业通过主动对接"互联网+"实现转型升级，如维尚家具借助信息技术，推动家具实现"个性化定制"和"标准化批量生产"，成为家具行业转型升级的代表企业等。

3. 推动产业结构调整与产业转型升级

佛山市在推动产业结构调整与产业转型升级方面主要做法如下：一是领衔打造珠江西岸先进装备制造产业带。佛山市装备制造业总产值约占珠江西岸的一半，是珠江西岸先进装备制造产业带的龙头城市。佛山市大力扶持发展智能装备、节能环保设备、新能源装备等先进装备制造业，努力实现从"生产产品"向"生产装备"转变。二是在全省率先出台《降低制造业企业成本支持实体经济发展若干政策措施》（简称"佛十条"），从降低企业税负成本、用地成本、用电用气成本等 10 个方面支持企业发展。2017 年 1～10 月，全

市共降低企业成本 302.93 亿元，其中新政策降低成本 87.05 亿元。扶持民营经济做优、做强、做大。佛山市制定出台了扶持民营企业跨越式发展的实施方案和扶持政策，成立推动民营企业跨越式发展联席会议，采取"一企一策"的方式帮助企业解决跨越式发展中遇到的重大问题。落实《佛山市人民政府关于提振民营企业家信心促进创业创新的若干措施》（简称"佛山 40 条"），从降成本、助融资、促创新、拓市场、强保障五大方面服务扶持企业发展。

三是加快推进新一轮技术改造。2015 年市政府出台了《佛山市推动新一轮技术改造促进产业转型升级实施细则》，明确从 2015 年到 2017 年，市、区共安排财政扶持资金 24 亿元支持企业技术改造。制定出台《佛山市工业企业技术改造事后奖补实施细则》，明确从 2015 年起，省、市、区财政通过预算安排，从完工下一年起连续三年内，按企业技术改造对财政贡献增量额度中省级分成部分的 60%、地市级分成部分的 50%、区级分成部分的 40%对企业进行事后奖补。此外，设立 8 500 万元规模的佛山市优质技改创新项目贷款风险补偿基金，以放大 10 倍以上的融资规模，向优质技改创新项目提供资金支持。

四是大力发展智能制造。佛山市率先落实《中国制造 2025》，举办"制造强国·佛山探路"系列专题活动，对标世界先进制造国家，率先探索研究佛山制造业发展新路径。制定出台了《中国制造 2025 佛山行动方案》《佛山市创建"中国制造 2025"试点示范企业工作方案》和《佛山市"中国制造 2025"试点示范企业评定标准（试行）》，在"中国制造 2025"试点示范企业没有统一标准的情况下，率先探索制定评价标准体系，并在装备制造、家电、陶瓷等支柱行业选取了 121 家骨干企业作为试点示范创建企业。举办机器人国际联盟大会，推动 Science 机器人国际联盟大会落户佛山。大力实施"百企智能制造工程"和"机器引领"计划，引导传统制造业企业广泛应用机器人及智能装备，提升传统制造业的装备水平。

4. 加快实现制造业绿色低碳循环发展

加快推进制造业绿色低碳循环发展，是佛山市制造业可持续发展的重要源泉，也是提升佛山市制造业供给质量的重要举措。佛山市主要从以下几个方面推进制造业绿色低碳循环发展：一是加快推进节能降耗工作。坚持以节能降耗倒逼企业转型升级，加强重点用能企业监管，督促用能单位依法做好节能工作，对一些高耗能、高污染企业逐步进行淘汰。大力发展循环经济，佛山市成功入选国家第五批餐厨废弃物资源化利用和无害化处理试点城市。二是积极推行清洁生产。《佛山市"十三五"绿色清洁生产工作推行方案》提出到 2020 年在有效期内获得清洁生产企业称号和完成清洁生产审核的企业数量达到 1 500 家的总体目标，明确了清洁生产审核的重点行业、重点企业和重点领域，并按年度把工作任务分解下达到各区。三是开展绿色制造体系建设工作。根据国家工信部、广东省经济和信息化委的有关要求，佛山市积极开展绿色制造工作，推动佛山市制造业企业实现绿色低碳循环发展，提升制造业供给质量。

（三）佛山市提升制造业供给质量取得的成效

1．经济结构调整取得新成效

实施扩大固定资产投资、引领科学稳健发展的三年行动计划，安排亿元以上项目 713 个，投资总额超 1.5 万亿元。完成工业投资 1 367.67 亿元，比房地产开发投资高 110 亿元；民间投资增长 16%，占固定资产投资比重达 72.9%。推动大型骨干企业实行跨越式发展，新增年主营业务收入超 100 亿元的企业 4 家，总数达 16 家；7 家企业入围全国工商联主办的"2017 中国民营企业 500 强"。实施"百企智能制造提升工程"，带动近千家企业实施机器人及智能装备应用。开展"制造强国·佛山探路"活动，成功举办 2016 Science 机器人国际联盟大会。扶持发展"中国制造 2025"试点示范企业，与珠江西岸五市共建"中国制造 2025"试点示范城市群。装备制造业完成增加值 1 288.93 亿元，增长 13.1%，其中"工作母机"增加值增长 15.8%。

圆满举办第二届珠江西岸先进装备制造业投资贸易洽谈会，引进科力远CHS、中铁华隧、美盈森等一批优质项目。推动"两化"深度融合，新增"两化"融合贯标试点企业 19 家，总数达 122 家，成功举办第二届中国（广东）国际"互联网+"博览会。召开特色小镇建设工作推进会，启动建设佛山国家高新区科技创新小镇群，北滘"智造小镇"入选全国首批特色小镇，张槎街道获批省级"互联网+"培育小镇。现代服务业发展提速，占第三产业增加值比重达 58.5%。生产性服务业加快发展，佛山跨境电子商务公共服务平台上线试运行，广东金融高新区、广东省（佛山）软件产业园、广东工业设计城成为省级服务外包示范园区。

2. 创新驱动发展实现新突破

把建设面向全球的国家制造业创新中心作为创新驱动发展的奋斗目标，出台创新驱动发展三年行动计划。狠抓高新技术企业培育，新增高新技术企业 671 家，总数达 1 388 家，增长 93.6%。科技创新平台数量稳步增长，建成新型研发机构 30 家，省级重点实验室 17 个、工程中心 395 家、技术中心 150 家；规模以上工业企业研发机构、规模以上高新技术企业工程中心建有率分别达 20%、85%。实施科技企业孵化器倍增计划，新增国家级科技企业孵化器 6 家，总数达 10 家；新增国家级众创空间试点单位 5 家，总数达 15 家。完成工业技术改造投资 653.76 亿元，增长 32.1%，总量稳居全省首位。深化产学研合作，启动近 80 项企业和产业关键核心技术攻关项目；与清华大学签订战略合作协议。佛山科学技术学院引进中国科学院院士、千人计划专家等高层次人才 48 人，录用博士 109 人，新校区建设进展顺利。实施重点产业人才引进培育暂行办法，全市新增市级以上创新团队 19 个，拥有国家"千人计划"专家 41 人。省市共建引领型知识产权强市启动。科技型中小企业信贷风险补偿基金累计帮助企业获得贷款授信 20.46 亿元。新增新三板挂牌公司 38 家，总数达 79 家；新增私募股权投资基金 55 家，总数达 334 家。佛山海晟金融租赁股份有限公司获批运营，成为佛山首家金融租赁公司。广东金融高新区入驻金融机构和项目 310 家，总投资 597.5 亿元；股权交易中心注册登记企业 2 340 家，帮助企业融资 939.39 亿元。

3. 体制机制改革取得新进展

在全省率先出台供给侧结构性改革"1+5"工作方案，出清国有"僵尸企业"105 家，化解房地产库存 476.33 万平方米，为企业降低各类成本超 302 亿元；美的成为全国供给侧结构性改革先进典型；搭建众陶联，促进传统产业与互联网、金融资本融合发展，为陶瓷行业企业提供供应链集成服务；创建全国质量强市示范城市，知名品牌示范区数量位居全国地级市首位；弘扬工匠精神，命名 30 位"佛山·大城工匠"。深化"一门式一网式"政府服务模式改革，推进"两厅融合"，全市"市民之窗"自助服务终端达 1 200 台；清理规范 68 项行政审批中介服务事项。建立城乡社区建设工作联席会议制度，禅城区社会综合治理云平台入选 2016 年"互联网+政务"全国优秀实践案例。深化国资国企改革，推动市属国有企业改革重组。

4. "灰色工业城"努力转型"绿色产业新都"

"宁可不要 400 亿元 GDP 也要把污染干掉"。2007 年，佛山"铁腕治污"关停一批高能耗、高污染、低效益的陶瓷、纺织、印染企业群，并在 2008 年前后经历过一段"产业空心期"，陶瓷业企业数量从 300 余家锐减到几十家，但剩下的几十家熬过了"制造业寒冬"，展现"绿色生机"；关停转移后剩下的 63 家陶瓷企业产值和税收比关停前均增长 1/3，同时能耗下降 1/4。2016 年佛山市在完成 GDP 增长 8.3%的同时，单位 GDP 能耗下降 6.63%。在省地级以上市 2016 年度技能目标责任评价考核结果中，佛山市综合排名全省第一位，连续三年考核结果为超额完成等级，获省有关部门的通报表扬。

陶瓷在佛山市已有上千年历史，建陶等传统产业在佛山经济产业结构中仍占九成，高新技术产业占比不到十分之一，"十三五"时期，佛山市要打造中国制造业一线城市，在当前新一轮产业转型升级中，佛山市更注重用科技创新、绿色发展引领传统产业"升级"：佛山市陶瓷龙头企业蒙娜丽莎研发的薄板陶瓷，比技术改造前节约40%以上原料资源，降低38%以上综合能耗，减少70%以上废气和废渣排放。

二、佛山市制造业供给质量存在的问题

（一）供给体系质量存在的问题

制造业供给体系质量存在的问题主要体现在产品供给质量、产业供给质量和企业供给质量三个层面。

1. 产品供给质量存在的问题

（1）"三高一化"产品供给能力不足

"三高"产品是指"高品质、高复杂性、高附加值"产品，"一化"产品是指"个性化"产品。随着佛山市高收入和中等收入群体的持续扩大，中高端消费能力不断提升，消费者已经从被动消费转向主动选择，从满足基本需求向注重时尚、品位、信誉、绿色转变，市场需求加快向多样化、个性化、智能化演进，催生了大量新的产品质量和服务需求。而佛山市产品单一性、低品质和低附加值问题仍然突出，如陶瓷行业，仍然是以劳动密集型为主，低端产品、低附加值产品过多，产能过剩现象明显，高端产品供给能力不足。由于高品质产品供给能力不足，佛山市中高端购买力通过"海淘"、境外消费等形式持续外流，一些产品也因达不到其他国家的质量标准导致出口受阻。值得深思的一点是：消费者通过"海淘"、境外消费的产品很多是由佛山市制造的，而消费者却要到海外购买。很显然，佛山市在"三高一化"产品供给能力上有待提高。

（2）品牌供给能力有待提升

通过调研发现，佛山市在全国和世界的知名品牌较少，品牌供给能力有待提高。根据全国工商联公布的 2017 年中国民营企业 500 强榜单发现，佛山市只有 7 家企业上榜，如图 1 所示。而在 2017 年《财富》世界 500 强排行榜中，我国上榜企业共有 115 家，而佛山市只有两家企业上榜，均为来自北滘小镇的两家千亿企业——美的集团、碧桂园，其中美的集团排名第 450 位，碧桂园集团名列第 467 位。由此可见，佛山市制造业品牌的影响力较低，"品牌带动"效应未能充分发挥，品牌供给能力有待提升。

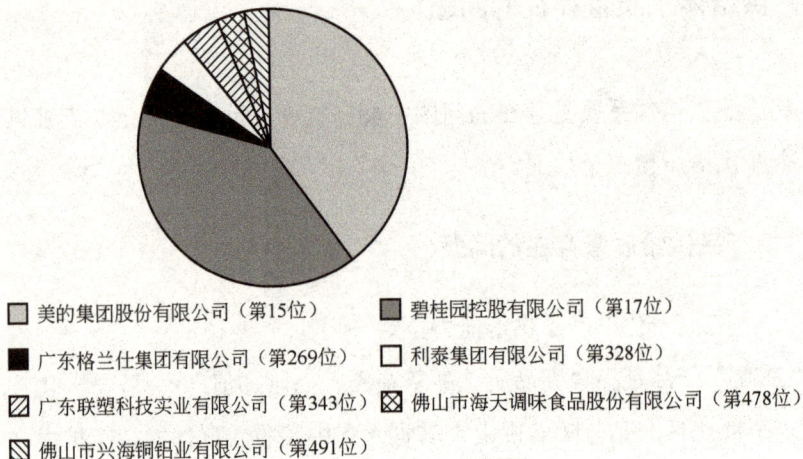

图 1　2017 中国民营企业 500 强佛山上榜企业

资料来源：2017 中国民营企业 500 强榜单。

2. 产业供给质量存在的问题

（1）产能过剩问题仍然突出

产能过剩是资源错配的结果，也是供给与需求"货不对板"的结果。传统制造业作为佛山市的支柱性产业，在新一轮的科技革命和产业革命兴起下，已不能满足消费者对消费产品多维度、个性化的需求，且自 2008 年金融危机以后，传统制造业产能过剩问题逐渐凸显，并成为制约佛山市制造业发展的经济顽疾。如陶瓷行业、家具和家电行业都普遍存在产能过剩问题，特别是陶瓷行业，产能过剩问题明显，严重制约企业的发展。产能过剩问题，究其根源，是产品供给结构出现了问题，是产品供给质量不能满足消费者需求属性的问题。

（2）"四新"产业全球竞争力较低

"四新"是指"新产业、新技术、新业态和新模式"。"四新"产业供给，是在新一轮科技革命和人们生活水平普遍提高产生多样化、个性化需求的情况下倒逼产业转型升级的结果。而佛山市在"四新"产业供给规模和质量上占比较低，如电子信息产业、先进机械装备、环保与新能源产业等发展规模仍然不够大，产业供给质量水平较低，在产业领域全球竞争的制高点掌握不足，制约着佛山市制造业转型升级，束缚制造业供给质量的全面提升。

3. 企业供给质量存在的问题

（1）"僵尸企业"仍待清理

截至 2017 年 7 月底，佛山市列入省"僵尸企业"数据库的国企共有 285 家，其中关停企业 101 家、特困企业 32 家及滚动排查企业 152 家。已经完成 145 家国企的出清工作，但仍有 140 家国有企业未完成出清工作，"僵尸企业"仍待进一步清理，如图 2 所示。

"僵尸企业"种类	数量	处置类型	数量	状态
滚动排查企业	152	逐步退出市场	125	进行中
		出清	27	已完成
特困企业	32	计划脱困	20	进行中
		脱困	6	已完成
		出清	12	已完成
关停企业	101	工商注销	43	已完成
		关闭破产	58	已完成
合计		285		

图 2　佛山市国有"僵尸企业"出清重组情况（单位：家）

佛山市国有"僵尸企业"出清重组工作也存在一些历史遗留问题和现实处置的工作障碍，主要表现为以下六类问题：股东缺失、出资不足、债权债务、税费欠缴、出清成本和职工住房问题。这不仅阻碍佛山市"僵尸企业"出清工作的顺利进行，也降低了企业的供给质量。

（2）优质企业数量不足

佛山市"僵尸企业"的存在，从另一个侧面也反映出佛山市优质企业供给质量较低，优质企业数量不足。在佛山市十大知名品牌中，如美的、碧桂园、联塑、海天、格兰仕、兴海、利泰、佛山照明等，具有国际影响力的只有美的和碧桂园两家企业，相较于国外优质企业是少之甚少。优质企业的供给不足，一定意义上也说明佛山市制造业企业的产品质量不高，产品供给的特性不能满足消费者的需求，进而品牌的带动效应也相应较低。

（二）供给要素质量存在的问题

要全面提升佛山市制造业供给质量，不仅要明确佛山市在供给体系质量方面存在的问题，还需了解在供给要素质量方面存在的问题。通过调研发现，佛山市在制造业供给要素质量层面主要表现为"创、人、政"三大要素问题。

1. 创新水平有待提高

（1）自主创新意识薄弱

在经济新常态背景下，新一轮的科技革命和产业革命正在如火如荼地进行。佛山市制造业要实现转型升级、提升制造业供给质量，急需增强企业的创新意识与技术创新。在调研过程中，我们发现，许多企业的自主创新意识薄弱。以陶瓷企业为例，企业认为自主创新的风险太大，投资太大，投资回报率不高；认为企业无须创新，依靠"引进"技术同样能使企业发展，技术引进投资少、见效快、风险小。部分企业依然缺乏追求科技进步意识，只满足于传统产品的生产经营，企业的竞争多处于价格等低层次竞争，缺少进行创新活动所需要的技术积累和资金积累。此外，企业的合作共赢理念不强，没有长远的行业、企业发展规划，企业抱团发展的凝聚力不强。"核心技术受制于人"使得佛山制造业处于"大而不强"的尴尬境地。其主要原因在于：一是行业技术的引导和资金支撑力度不强，中小企业没有足够的资金或市场助力其研发核心技术；二是大型企业虽有足够的资金实力和广大的市场需求容许其科研开发，但往往因缺乏系统研发能力和科研基础设施，以及不切合政策指向与行业发展趋势而形成一种盲目研发的窘况，导致科研成效不大；三是核心技术的研发过程耗时较长，而且大部分企业缺乏工匠精神，加之市场环境压迫，与高等院校间建立长效"产学研用"合作关系更是难上加难。

（2）知识产权保护力度不足

知识产权关乎企业的竞争力，加大知识产权保护力度是维持企业创作热情的重要途径。从政府部门或行业协会的调研中发现，导致佛山知识产权保护力度较低的原因主要有三个：一是知识产权的司法程序时间跨度大，一个创新产品还没渡过司法期就已经失去创新价值和商业价值的事情时有发生。二是知识产权的保护对象无法完全覆盖佛山各行业，没有依据每个行业的生产特点制定精准的保护法规。例如，家具、服装等主要依靠设计创新的行业，由于抄袭模仿成本低，成为被"山寨"的高危行业，又因为没有统一的标准进行划定，导致知识产权难以得到有效保护。三是知识产权的保护力度不强，当侵权行为发生在佛山以外地域时，相关部门往往因为跨区域执法的难度大而推脱甚至置之不理，最终导致原创企业利益受损，长远来看对大部分科创企业的热情产生了较大影响。

（3）新型研发机构力量薄弱

在孵化器的建设过程中，一些问题的产生导致孵化器的专业性不强：一是运行机制不合理，在实际运行过程中，有关部门直接参与孵化器的运作，形成了"政府主导"或者"政府领导"的运行机制，对孵化项目的能力产生了一定的影响。二是创新环境不完善，片面地追求孵化企业的数量，使得孵化器成为企业的收容站。入驻孵化器的企业大多是高新产业，处于发展初期，创业者的管理水平较低，而高层次、有经验的专业管理人才难以引进，导致应对市场打击的能力缺乏。三是投资结构单一，风险投资是孵化企业的主要融资渠道，但是佛山科技孵化企业的资金来源大多是科技创新基金、专项孵化基金，在很大的程度上影响了孵化企业的发展。同时，一些科研机构采用行政化管理，科技领军人物往往是校长、所长或系主任等，他们拥有众多科技成果、技术力量和人才资源的积累，同时也具有行政级别，这势必会束缚他们在创业、兼职、持股等成果转化方面的手脚。

2．人才供需矛盾长期存在

（1）人资红利削弱

从表 1 可以看出，广州市常住人口中，0～14 岁人口占 12.98%，15～64 岁人口占 79.12%，65 岁及以上人口占 7.90%；深圳市常住人口中，0～14 岁人口占 13.40%，15～64 岁人口占 83.23%，65 岁及以上人口占 3.37%；广东省常住人口中，0～14 岁人口占 17.37%，15～64 岁人口占 74.15%，65 岁及以上人口占 8.48%。可见，佛山市常住人口中劳动力人口高于全省总体水平，

表 1　主要地区及范围的多年龄人口比重一览

区　域	合　计	0～14 岁	15～64 岁	65 岁及以上
佛山市	100%	12.77%	80.44%	6.79%
广州市	100%	12.98%	79.12%	7.90%
深圳市	100%	13.40%	83.23%	3.37%
广东省	100%	17.37%	74.15%	8.48%
全国	100%	16.52%	73.01%	10.47%

资料来源：佛山市人口素质现状分析报告。

低于深圳市，与广州市相当，但老年人口比重比深圳市高一倍。而与全国 1% 人口抽样调查数据相比，佛山市 0～14 岁人口的比例要低 3.75 百分点，15～64 岁人口的比例要高 7.43 百分点，65 岁及以上人口的比例要低 3.68 百分点。

以上说明，佛山市人口增长率比全国总体要求高，主要体现在 15～64 岁人口的增加。但总体而言，佛山市人口的年龄构成还是呈现中间降、两头升"上有老、下有小"的状态。另外，尽管目前佛山市人口老年龄水平情况远低于全国总体水平，但 0～14 岁人口比重偏低，人口出生率低，这将加速佛山市人口老龄化速度。老龄化、有效劳动力供给减少，必然使佛山经济发展受到制约。

（2）劳动力成本上升

《南方人才年度广东地区薪酬调查报告（2017—2018 年度）》显示，本年度广东省各职业薪资呈上升趋势，平均增幅约为 6.50%，高于 2016 年（4.60%）1.90 百分点，其中 2017 年的职位薪酬增幅最大，达到 40%。9 个城市中，广州平均月薪 7 210 元，珠海、佛山、东莞、惠州紧随其后，四个城市相比总体差距不大，极差不足 170 元，如图 3 所示。

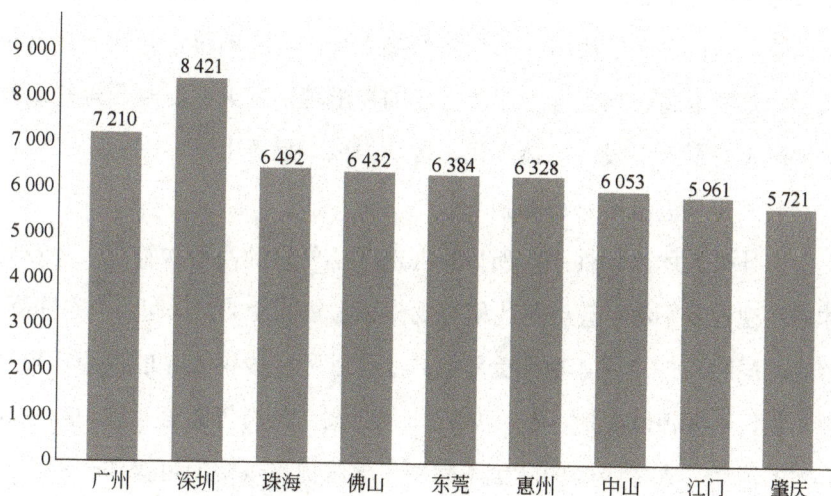

图 3　广东省不同地区平均薪酬水平（2017—2018 年度）（单位：元/月）

此外，从学历来看，研究生、本科、大专、高中及以下学历职工的平均月薪分别为 8 704 元、7 389 元、6 596 元、5 622 元（见图 4）。同比 2016 年，大专及以下学历职工的平均月薪均有一定上涨，其中高中及以下学历职工的增幅最大，达到 37.93%；本科及以上学历职工的平均月薪出现不同程度的下降，其中研究生学历职工平均月薪降幅最大，达到 14.10%。

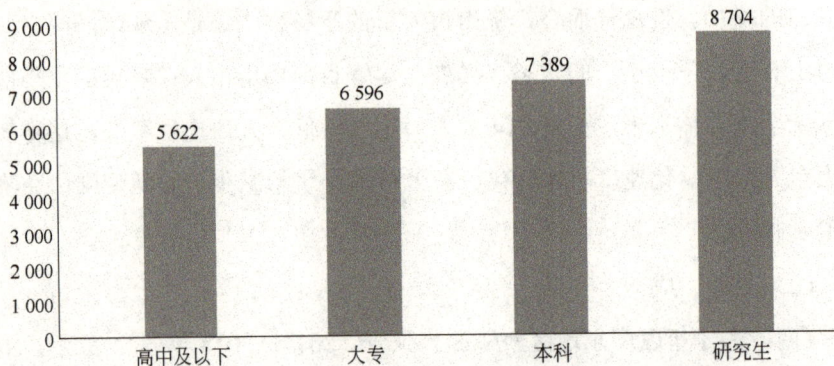

图 4　广东省不同学历平均薪酬水平（2017—2018 年度）（单位：元/月）

报告分析认为，因学历造成的薪酬差距有明显的缩小趋势。这一现象与广东省近年的人才供给与需求紧密相关。近年来，本科以上学历的毕业生数量越来越多，竞争愈加激烈，导致其薪酬增长缓慢，甚至有所缩减，一定程度上拉低了本科以上学历职工的整体薪酬水平；与此同时，企业对技术技能型人才，尤其是高级技工等中职类人才的需求越来越大，涨薪无疑是最直接有效的招人与留人手段。总体来说，劳动力成本显著上升。

（3）人才引进深度有待加强

由于外来人才流动性强，所以企业对吸纳外来的高层次管理人才及技能人才的重视程度不够，甚至有些稍有规模和名气的企业，玩起了"守株待兔"的游戏。同时，外来人才也感受不到本土企业积极吸纳人才的决心。政策灵活性不足，人才流动机制不畅，如户口、档案、住房等因素，也制约了高层次人才的流动。人才吸收的政策不完善，一些优惠规定的可操作性不强，容易导致各部门相互推诿，使相关政策难以真正落到实处。缺乏人才引进的弹性制度，对不同的人才，只划分了种类、等级，但是并没有按人才的自身需求划分，没有真正做到因人而异制定优惠政策。人才预警机制缺失，建立人才预警机制能够方便员工准确了解自己的专业技能和综合素质，同时便于企业及时察觉并制定相应的办法帮助员工解决问题。对企业来说，可以对员工的发展轨迹有一个明确的跟踪评价，这样能够帮助企业更加充分挖掘员工的自我价值。

（4）人才培育结构缺乏调控

随着产业结构调整和企业转型升级的深入，人才培育结构性失调的问题日趋严重。主要表现在以下三个方面：一是相当部分国家职业标准及职业技能鉴定题库比较陈旧，不符合现代产业发展的要求。有的地方产业发展必需的职业工种还没有职业标准和鉴定题库，即使有题库，也存在大量"学、考、用"不统一的状况，导致技能培训与实际需要脱节严重，严重制约了企业技能人才的培养。二是职业技能教育培训体系建设水平提高较慢，企业自主培训是培训体系发展的短板，整体适应产业转型升级需要的匹配度不高。同时，协会开展技能培训缺乏资金支持，有些协会表示自建会以来，得到政府的支持资金较少，导致开展技能培训受阻。三是缺乏工匠文化为工匠精神的培育做支撑，生活于"快餐社会"的新一代年轻人对同一件产品几乎没有耐心和毅力去反复推敲打磨。

3．政府引导尚待加强

（1）权力下放力度较小

权力下放有利于革新权力过度集中于领导层和重点机关部门的现状，从根本上提升党政机关的办事效率。但佛山目前仍存在权力下放力度不足的情况，尤其是大部制改革急需完善。部分党政机关在进行调整时存在一刀切的现象，改革后的一个部门要对应中央、省市的几个甚至十几个部门，工作疲于奔命，部门之间协调也存在"磨合期"，一些部门设置衔接不流畅，给企业办事带来不便。究其原因是部门组织能力薄弱，难以承接政府转移的职能。

事权关系改革不彻底，行政审批事项仍然较多。事权下放不合理，导致办事人来回跑。这是因为部分区级政府和镇街政府人员对事权下放度的认识不一致，同时一些基层审批部门"人、财、物"配套不足，制约了事权下放的衔接。红头文件设立的管理事项仍然不少，红头文件惯性思维依然存在。红头文件借"加强管理"之名，行"越权减损公民、法人和其他组织权利或者增加其义务"之实的现象依然存在。

（2）管理体制有待健全

无论是保障市场经济正常运行，还是维持财政运转畅通无阻或引导产业转型良好发展，均需要健全的管理体制，但并不意味着方方面面都要求"有形的手"干预。佛山在管理体制方面存在的问题可归结为以下四个方面：一是政府对市场过多过细干预的情况普遍存在，动态管理、履行情况评估和监督、责任追究机制尚未建立，缺乏对责权清单应用的顶层设计；二是烦琐的审计流程在一定程度上影响了招商引资的开拓性和创新性，从而造成招商引资决策及项目落地的效率有所下降；三是执法力量不足，特别是镇街基层执法力量十分薄弱，执法效果不明显，社会和群众满意度不高；四是财政收支矛盾尖锐，新兴产业与传统产业的投入和补贴不均衡，公共财政建设有待进一步完善，财政系统内部纵向与横向之间的沟通机制不通畅，完善的金融机制尚未建立，这些瓶颈在很大程度上制约了政府财政支出与补贴在佛山中小企业发展中作用的发挥。

（3）政府服务效率仍需提高

高效的政务服务效率，有利于进一步降低群众和企业的办事成本，是转变政府职能、深化政务公开的衡量标准。佛山政务服务存在以下七个方面的问题：一是人力资源和社会保障服务体系不够完备高效，一体化、系统化、智能化和便利化的发展水平有待进一步加强；二是公共服务均等化需加强，服务便利化不明显，服务体系规范化和整合有待加强；三是业务系统难互通，服务系统不对接使得数据难共享，如部分部门以保障数据安全为由，独立开发或封闭运营系统；四是各部门数据标准不统一，导致数据质量较差，出现

"数据打架"现象，最终影响数据的应用；五是服务系统建设的前瞻性不足，各部门系统建设的经费申报、业务需求、开发运作相对分开；六是政府向社会组织购买服务缺乏有力的政策支撑，如财政预算刚性约束不强，难以实现"费随事转"；七是购买方式单一，内容相对集中，导致社会服务难以有效对接，等等，客观上阻碍了政府服务职能的转变。

三、国内外先进经验借鉴

（一）坚持质量第一

重视质量是社会转型发展的普遍规律，这在德国、日本、美国等国家过去的发展过程中都得以印证。就德国而言，20 世纪 50 年代就实施了"以质量推动品牌建设，以品牌助推产品出口"的国策，现在德国正在推进"工业4.0"战略。日本从 20 世纪 60 年代实施"质量救国"战略，创建全面质量管理的模式，使日本产品凭借质量优势大举进入全球市场，成为世界强国。美国与德国和日本相比，在重视质量上稍晚一些，从 20 世纪 80 年代《质量振兴法案》的出台，到"制造业回归"的行动计划，美国采取了一系列措施，使其在主导产业上确立了全球霸主地位。总的来看，在质量和创新上，美国的创新更具活力，而德国和日本的发展则把质量牢牢抓在手中，国内外各制造业企业都十分重视与坚持质量为先。

德国产品质量享誉世界成为其保持强劲国际竞争力的保障。德国质量在很大程度上应归功于德国标准，德国标准化协会（DIN）制定的标准几乎涵盖所有领域，且绝大多数被欧洲及世界各国广泛采用。许多标准甚至以立法形式得以固化和加强，如其在 1516 年颁布的啤酒《纯净法》规定，酿造啤酒只能使用麦芽、啤酒花、酵母和水 4 种原料，维护了德国啤酒不含任何添加剂的声誉。德国提升制造业产品质量的做法包括：建立完备的法律法规、标准、认证等制度体系；形成产品质量事前管理、事中监控、事后处理的一整套程序；建立严格的产品质量监管体系，通过企业自我检测、独立中介机构检验检测、政府检验检测层层把关；建立配套的标准、检测、认证中介服务体系，提供公平、公正的服务等。

日本能够发展成为经济强国同其产品质量优良密不可分。20 世纪 50 年代初，日本产品质量的恶劣口碑成为日本产品进军国际市场的最大障碍，为此，日本着手实施质量变革。1950 年美国学者戴明向日本企业推行"统计质量管理"的理念与方法，日本掀起了质量管理热潮，每年的 11 月被定为"质量管理月"。1951 年日本设立代表国家质量最高荣誉的"戴明奖"。20 世纪 60 年代，日本提出"质量救国"，1962 年成立了第一个具有创造性的质量控制（QC）小组。日本质量革命最终推动日本产品质量迅速提升，20 世纪 70 年代追上西方发达国家，20 世纪 80 年代日本的质量奇迹开始震惊世界，日本商品在国际市场上获得强劲的质量竞争力。

在国内，重庆市为提升重庆制造业质量水平，与质检总局实施战略合作，合力打造全国质检系统，建设规模最大、检测技术集成力最强的国家质检基地。加强质检技术支撑，构建及优化质检公共技术服务平台，推动重庆市制造业质量的提高。该项目的实施为"重庆质量"提供了技术保障，提升了产业竞争力，加快了重庆经济结构调整。

（二）推动"两化"深度融合

工业互联网整合了工业革命与网络革命两大优势，即将工业革命成果及其带来的机器、机组和物理网络与近年发展迅速的互联网革命及其成果——智能设备、智能网络和智能决策融合到一起。工业互联网主要包含三种关键元素：智能机器、高级分析、工作人员。智能机器是现实世界中的机器、设备、团队和网络通过先进的传感器、控制器和软件应用程序以崭新的方式连接起来形成的集成系统。高级分析是使用基于物理的分析法、预测算法、关键学科的深厚专业知识来理解机器和大型系统运作方式的一种方法。建立各种工作场所的人员之间的实时连接，能够为更加智能的设计、操作、维护及高质量的服务提供支持与安全保障。工业互联网将提升工业系统各层面的运转表现、提高资产可靠性、改善机组及工业网络的运行效率。

"工业 4.0"战略是基于工业互联网的智能制造战略，其核心是建立虚拟网络-实体物理融合系统（CPS）。《工业 4.0：未来的智能制造》报告提出，虚拟网络-实体物理融合系统是一种使能技术，将虚拟世界和现实世界联系在一起来创建一个网络世界。它通过确定和识别工厂中每个工作单元的活动，配置合理的选项和生产条件，为工厂提供最优化的生产过程。在生产系统中部署虚拟网络-实体物理融合系统，将实现单机智能设备的互联，不同类型和功能的智能单机设备的互联组成智能生产线，不同的智能生产线间的互联组成智能车间，智能车间的互联组成智能工厂，不同地域、行业、企业的智能工厂的互联组成一个制造能力无所不在的智能制造系统；这些单机智能设备、智能生产线、智能车间和智能工厂可以自由动态地组合，这一灵活的生产系统能够从根本上允许生产流程的实时自优化，以满足不断变化的制造需求。

（三）加强人才队伍培养

从一定意义上说，制造业的竞争就是人才的竞争。日本在发展制造业方面一直强调"企业的成败，关键在于人"的思想，在培养文化素质和技术水平较高的职工队伍方面，企业不遗余力。日本企业实行的终身雇佣制也促进了企业培训，使企业培养出掌握多种技能且适应能力强的职工，提高了企业的劳动生产率。多年来，日本制造业的发展培养了一大批高素质、熟悉精益生产的产业工人，使很多领域产品的国际竞争力成为行业第一。

德国为了培养高素质和专业化的工人队伍，开创和实行独特的"双轨制"职业教育体系。双轨制职业教育即由学校和企业联合培养，培训中将理论学习和实际操作相结合，培训结束后通过考试即成为工业、商业和手工业需要的合格技工。德国通过大规模、系统化的"双轨制"职业教育体系，创造了质量型的人口红利优势，培养了庞大的高素质熟练技术工人队伍和工程师队伍。职业教育制度是德国制造业产品质量优良的根本保证。

　　欧洲制造强国瑞士的教育体系模式及设置经验值得我们借鉴：在高中阶段对学生进行有目的的分流，按照学生的学习能力、兴趣爱好、理想愿望及未来的发展目标，指导学生报考不同的制造专业院校，并与企业合作，进行针对性的带薪培养和训练，采用不同的考核方式，设置不同的等级证书，对于技术及专业突出的学生可以升至对口的高校再度深造，为其成才、成业拆除"天花板"，改变社会因教育体制对制造业人才的歧视；调整部分高校人才培养目标和培养模式，引导一批地方院校改制或转向应用型院校，面向全球、面向未来、面向新技术及高端制造，加大本科甚至更高层次应用型人才的培育，把高校打造成培养具有"工匠精神"工程师的摇篮。

　　在国内，重庆市为促进制造业创新成功，十分重视专门人才的培养：一是营造浓厚的技能学习氛围。重庆市营造尊重技能人才的良好社会氛围，消除一系列歧视职业教育、歧视技能人才的管理制度和评价体系。二是根据市场需求培养和引进人才。重庆市将重心从增加技能型人才数量，转移到提高技能型人才质量上，培养和引进更多有强适应性、具备"即插即用"能力、高层次的技能型人才，并把培养和吸引高技能人才作为一项重要任务列入政府的目标管理和整体规划之中。三是健全人才的激励保障机制。重庆市政府建立专业人才激励机制，激发专业人才创新创造的积极性，对做出突出贡献的专业人才予以奖励；完善收入分配制度，鼓励企业在员工收入分配制度上进行一些大胆的尝试，提高专业人才的收入，稳定专业人才队伍；提高专业人才的合理流动性，完善社会保障机制，鼓励企业引进高技能型行业领军人才，激发专业人才推动技术创新，提高创造活力和生产效率。

（四）重视创新研发

　　资源小国的特点使日本十分注重扬长避短，充分发挥自身的人力资源优势，把工夫花在引进和制造上。在第二次世界大战后十年的恢复期内，日本在钢铁、石化、汽车制造等方面广泛引进国外先进技术。在引进的同时还加强创新与研发，不断实现技术突破与革新，并广泛运用于生产，劳动生产率得到迅速提高，制造业发展迅猛。2007年日本正式通过《创新25战略》，强化推进研发体制创新，提出"产业集群计划"等，以提升制造业的国际竞争力。

德国政府和企业界对自身的比较优势有较清醒的认识，在研发、创新方面始终处于高水平，在长期发展过程中形成了较完备的、鼓励创新的法律环境，通过知识产权保护制度等为企业的创新提供激励和必要的约束。研发投入占国内产值的2.5%，企业研发投入中近95%来自制造业，其中研发投入最多的正是德国国际竞争力最强的领域。65%的中小企业参与研发活动，40%的中小企业有专门的研发部门，比例均为欧洲最高。积极促进大学、科研院所与企业合作，使技术创新向产业转化。

在我国，为贯彻落实国务院办公厅《关于发展众创空间推进大众创新创业的指导意见》，深圳市积极完善创客空间新型孵化模式，大力培育创客文化，释放全社会创新创业的活力，为建设现代化、国际化创新型城市做出贡献。通过拓展创客实践空间、搭建创客服务平台、举办深圳国际创客周和国际创客交流活动等，建成深圳湾创业广场，举办国际创客周，打造国际创客中心，建成一批低成本、开放式、便利化的创客空间载体，形成一批内容丰富、成本低廉、开源共享的软件硬件资源，营造一种创客教育普及深入、创客精神发扬光大的城市文化。

宁波市为了适应更高水平创新和开放的要求，着力优化重大平台功能布局，积极拓展供给的空间载体。建设了国内首个以新材料产业为主导的科技城，并积极谋划国际海洋生态科技城，打造宁波区域创新格局的"双子星座"。出台《关于培育发展众创空间促进大众创新创业的实施意见（试行）》，鼓励支持高等院校、优势企业、重点开发区等依托现有条件及社会资源建设众创空间。实施"智团创业"计划，每年安排3 000万元专项经费支持海外高层次人才携带技术、项目来宁波创办创新型初创企业。创新对外贸易合作载体，推进国际交流合作，鼓励企业开展对外投资合作、跨境融资，积极吸引国际知名大学来宁波办学。

（五）根植于民族文化

民族文化是一个民族的精神灵魂。文化作为一种精神力量，在实践的过程中能够转化为物质力量，推动产业发展。发挥民族文化的精神作用，有利于提振人的精神士气，也有利于促进制造业供给质量的发展。

坚持专注、精益求精的民族文化。德国制造具有安全可靠、精良制造的美名，体现着德国人专注、踏实可靠的民族文化及对产品质量精益求精的追求。德国制造业者可几十年、几百年专注于某一产品领域，力求在此领域做到最强。德国很多中小企业为百年老店，占据着细分行业 50%甚至 90%的市场份额。德国企业非常重视产品质量，强烈的质量意识已成为企业文化的核心内容，并深深根植于广大员工心目之中。如大众公司在企业中树立"精益求精"的质量理念；西门子公司"以新取胜，以质取胜"的理念使其立于不败之地。

坚持认真勤奋的民族文化。日本能够实现经济起飞并成为世界经济强国的重要原因之一，是日本的民族文化发挥了重要作用。日本的民族文化是认真、勤奋、学习、服从、精益求精等，而制造业成功的基本要素是质量、管理、成本、技术、规则、标准等，鲜明的文化特征支持了制造业在日本的发展。如丰田公司创造的"精益生产"体系，在日本许多公司得到推广应用；松下公司提出四个"千方百计""以满足用户要求为准则"等，都促进了日本制造业的发展。

四、佛山市全面提升制造业供给质量对策

在全面提升佛山市制造业供给质量过程中，要做到"两手抓"，即一手抓制造业供给体系质量，一手抓制造业供给要素质量。在制造业供给体系质量上，着重抓好产业、产品和企业三个关键，做到努力消除无效供给、尽力减少低端供给、着力扩大有效供给和积极创造新型市场供给；而在提升制造业供给要素质量上，要做好"提升创新能力、合理配置人才和加强政府引导"三大要素协同推进。

（一）提升供给体系质量对策

1. 努力消除无效供给

（1）明确禁止新增落后产能

严格按照负面清单，在某些过剩领域停止新增产能项目。对于产能落后的传统行业，通过提高准入标准等途径阻止生产规模较小、生产效率较低的小企业继续进入，避免进一步加剧竞争和产能过剩。同时对污染重、能耗高、工艺装备落后、安全隐患多的项目坚决予以淘汰。

（2）积极稳妥出清"僵尸企业"

排查摸清"僵尸企业"并做好明确的界定。出清"僵尸企业"，应充分发挥股权交易及各类资产平台作用，对有价值资产进行重新整合，利用资本市场盘活企业资产。同时也要总体安排，统筹运用经济、行政、法律、

金融等政策措施，采取市场化退出、兼并重组、扶持发展等方式，分类处置。

（3）严格控制能源消费总量

积极构建绿色低碳循环发展产业体系，开展复合型循环发展示范区建设，从而形成企业循环式生产、行业循环式链接、产业循环式组合的大循环体系。严格实施碳强度考核，推进碳捕集利用等低碳技术的研发和应用，推动低碳产品认证和广泛使用，促进低碳技术产业化。

2. 尽力减少低端供给

（1）积极有效化解存量过剩产能

过剩的产能不仅仅是落后产能，还包括结构性无序发展产生的大量先进的产能，因此要分类施策，做到消化和转移并举。对于过剩产能进行就地消化，鼓励企业通过主动压减、兼并重组、转型转产、搬迁改造等途径，退出部分过剩产能。对产品低端、环保设施落后、持续亏损或濒临亏损、已无市场竞争力的企业，应通过法律、经济等手段，促其尽早退出市场。与此同时，加强产能国际合作，在"一带一路"倡议背景下，鼓励有条件的企业在全球范围内展开布局、配置资源。

（2）严控"两高一资"行业发展

"两高一资"行业（高污染、高耗能、传统资源性行业）是目前佛山市低端产能比较集中的领域，对于这些行业，可制定实施统一的产业指导目录和过剩产能化解路径，推行合同能源管理和项目节能交易，同时建立产业信息发布、评估和预警制度，构建由行业协会牵头的产能利用率发布和预警平台。

3. 着力扩大有效供给

（1）夯实质量技艺基础，提升质量以质取胜

制造业的生命在于质量，质量基于生产，生产成于技艺。要继续扎实推

进工业强基工程，在重点领域实施质量技术攻关行动，鼓励佛山市重点企业和中小企业加强与佛山科学技术学院、佛山市各职业院校及与省内外高校和科研机构开展技术研发、技术创新，破除制约制造业质量提升的关键共性技术瓶颈。加强质量设计，加大检测验证技术开发与可靠性试验，不断提高产品的性能稳定性、功能可靠性和质量一致性，尽快向国际先进水平靠拢。持续推进重点行业工艺优化行动，攻克一批影响质量升级的基础工艺，提高关键工艺过程控制水平，确保好材料能够造出好产品。以先进机械装备、生物医药及医疗器械等行业为重点，围绕提高产品精确度、稳定性和使用寿命，加强设计、制造、试验环节关键技术研发，通过质量突破带动产业链整体质量水平提升。

（2）健全质量标准体系，强化质量机制保障

质量建设涉及面广，需要建立多方参与、协同共治的质量治理体系。要积极推进质量治理制度化，推动完善制造业质量品牌政策及相关法律法规，健全多部门协同推进的质量监督、质量诚信与追溯体系建设。加快建设质量品牌专业化公共服务平台，建立一批质量检测示范中心，打造一批高水平的工业品质量控制和技术评价实验室，为质量升级提供有力支撑。充分发挥佛山市各行业协会等中介组织作用，建立健全检验检测、质量鉴定、职业培训等质量服务体系；深入推进专业镇和产业集群标准联盟建设，指导佛山市工业机器人产业标准联盟制定联盟标准，加快建设国际化的佛山标准体系。探索建立行业质量奖励制度，促进企业质量创新和提升精细化管理水平。鼓励市场主体积极贡献智慧，通过搭建"互联网+"质量治理平台，广泛汇聚改善产品质量的各类信息，并应用大数据分析等技术持续优化质量治理能力。

（3）推动质量品牌升级，增强"品牌带动"效应

提高发展质量和效益，开展质量品牌提升，对于加强供给侧结构性改革、推动建设质量强市具有重要意义。质量品牌升级可从以下路径进行：鼓励和引导企业采用国际标准或国外先进标准组织生产，增强实质性参与国际标准

化活动的能力，推动优势技术和标准成为国际标准；鼓励重点产业突破核心技术、提升系统集成能力，形成一批拥有国际自主知识产权的技术、产品和标准；加快先进智能装备应用，促进产品质量由符合性向适用性、稳定性和高可靠性转型；实施企业黑名单、惩罚性巨额赔偿等制度，倒逼企业提升产品质量；重塑传统特色品牌，做强现有知名品牌，培育自主创新品牌，创建品牌企业。加快建立和完善佛山市"三水陶瓷机械、张槎针织、南海半导体照明、禅城现代电源"等"知名品牌示范区"建设，同时也要学习运营和维护品牌示范区，打造一大批区域品牌，充分发挥品牌示范区辐射效应，推动佛山市品牌经济发展。

（4）提高企业质管能力，提升质量基本依托

技术和管理是企业质量保障体系的"双轮"，其中，技术和工艺是硬基础，管理理念和方法是软支撑。要引导企业革新管理理念，健全管理体系，改善管理方式，全方位加强质量管理与服务。引导佛山市企业从"以企业为中心"向"以用户为中心"转变、从"规模经济"向"范围经济"转变，使佛山企业逐渐向"多业融合""跨界合作"的格局发展，使企业更加重视用户研究、增强用户参与、注重用户体验，提高产品供给质量。继续组织开展"佛山市政府质量奖"奖评活动，普及推广优秀质量企业"精益生产"等先进质量管理方法。支持企业提高产品全生命周期质量追溯能力，加强从原料采购到生产销售的全流程质量管理。大力推进制造业与互联网深度融合，充分利用物联网、大数据、云计算等先进网络信息技术手段，提升质量精准化控制和在线实时检测能力。推广系统集成、云制造、故障诊断、远程咨询等在线专业服务，增强制造企业质量管理能力。进一步优化中小企业质量管理能力培训，从整体上提升佛山市中小企业质量管理水平。开展面向未来制造模式的质量管理研究，支持企业探索数字经济环境下的质量管理创新。

4. 积极创造新型市场供给

（1）积极拥抱大数据，推进个性化定制

大数据时代，数据已经成为重要的资源，其重要性与空气、水、能源等资源相当。目前大数据应用于各个领域，应用最广的当属互联网行业，而在制造业行业则有所欠缺。大数据时代，传统的制造业应怎样与大数据进行融合发展，成了一个全球性问题。佛山市大数据产业虽处于起步阶段，但佛山市的制造业基础雄厚，同时具有大量的改造需求，这就为企业实现转型升级提供了契机。建议企业完善信息技术手段的应用，解决企业在研究用户服务和生产过程中的痛点。企业应建立客户数据库，重视客户研究，通过数据了解用户的兴趣与需求，调整企业经营方向、经营模式、商业模式及实施产品的优化提升。基于大数据，积极利用"互联网+"平台，打造个性化定制快速处理系统，促进客户方、设计方、制造商、物流承运商共同参与，实现供需高度衔接、产业链高度协同。充分宣传和普及维尚家具企业从"单间家具定制"升级到"全屋家具定制"、从提供产品向提供创意转型、从"适应需求"向"引领需求"转型的实践经验，促成中小企业普遍使用个性化定制，大型企业率先实施大规模个性化定制，进而解决供需矛盾问题，避免存货积压，防止资金链断裂，同时也有利于维护企业与用户的关系，使中小企业正常运行。

（2）搭建智能创新平台，加快智能化制造

在全球新一轮科技革命和产业变革中，互联网与各领域的融合发展具有广阔前景和无限潜力，已成为不可阻挡的时代潮流，正对各国经济社会发展产生着战略性和全局性的影响。佛山市要提升制造业供给质量，促进制造业高质量发展，需要顺应世界"互联网+"的发展趋势，推动制造业与互联网深度融合，构建基于互联网的大型制造企业"双创"平台和为中小企业服务的第三方服务平台，积极培育网络协同制造、个性化定制、服务型制造等网络化生产新模式。加快推进佛山市"百企智能制造提升工程""机器人领跑"专项行动和"百千万工程";加快建设由华南智能机器人创新研究院、广东省智能制造研究院、广工大数控装备研究院、佛山智能装备技术研究院等科研机构组成的高新技术群区,加快推进机器人及智能装备生产性应用,促使企业生产智能化、数字化,提高企业生产水平和生产效益。统筹推进生产制造工艺、装备升级换代与产品智能化升级换代,打造一批智能制造新产业。

(3)发展生产性服务业,推进服务型制造

生产性服务业作为制造业的支撑产业,对提升制造业供给质量具有重要作用。当前,佛山市制造业企业逐渐向"四型"转变:资产轻型化、成本轻型化、组织体系轻型化和业务体系转型化,这有利于企业专注于自身优势,打造"制造+服务"企业。针对市场有效需求提供优质高效的"产品+服务",加快实现从生产加工向材料供应、研发设计、品牌建设、管理服务、营销推广等环节延伸,推进产业链协同发展。

(4)抓住"一带一路"战略机遇,构建开放新格局

根据习近平总书记对广东省下一步工作"四个坚持、三个支撑、两个走在前列"的重要批示,牢牢抓住"一带一路"战略机遇,加快佛山市外贸发展方式转变,培育以技术、标准、品牌、质量、服务为核心的对外经济新优势。着力推进装备制造业国际产能合作,搭建综合服务平台,为有意愿"走出去"的企业提供服务,推动其到境外投资设厂、并购国外先进技术和知名品牌等,促进企业转型升级,提高企业供给质量。加大"一带一路"市场开拓力度。以"泛家具"品牌展示馆为突破口,推动佛山泛家具品牌海外体验建设,树立佛山家具品牌正面、高品质的形象,提升佛山市泛家具产业及其产品在"一带一路"沿线市场的影响力。大力推动跨境电商布局"一带一路"市场。利用佛山临近港澳地区的区位优势,深化与"一带一路"沿线国家之间的双边跨境电商领域合作,构建双边跨境电商平台;积极引导跨境电商企业在沿线国家探索布局海外仓,构建境外营销渠道;同时也要加大佛山市对跨境电商海外仓建设的资金扶持力度。

（二）提升供给要素质量对策

1. 提升创新能力

（1）激发质量创新创造活力

建立质量分级制度，倡导优质优价，提高企业质量创新和质量提升的积极性。开展新产能、新动能标准领航工程，促进新旧动能转换。完善第三方质量评价体系，开展高端品质认证，推动质量评价由追求"合格率"向追求"满意度"跃升。鼓励企业开展质量提升小组活动，促进质量管理、质量技术、质量工作方法创新。鼓励企业优化功能设计、外观设计、模块化设计，推行个性化定制、柔性化生产，提高产品扩展性、耐久性、舒适性等质量特性，满足绿色环保、可持续发展、消费友好等需求。鼓励以用户为中心的微创新，改善用户体验，激发消费潜能。

（2）完善知识产权保护机制

以国家知识产权服务集聚区、发展试验区、投融资试点、专利导航产业发展区为重点，加大知识产权的保护力度。建立覆盖各产业的科创技术认定标准，构建完善知识产权服务价值生态链，发挥佛山市知识产权协会联盟作用，加快建立知识产权交易平台与建设知识产权培训基地，落实繁星、鲲鹏、乘龙、英才、清风等计划，全面提高知识产权综合能力。完善知识产权保护制度，加大研发人员发明成果转化的报酬比例，提高院校、研发机构专利申请的积极性，激发将获得专利的知识技术有成效地进行实际应用的行为。

2. 合理配置人才

（1）完善人才引留政策，增强人才的归属感

从招人、育人、用人、留人四个方面入手，进一步部署落实省"珠江人才计划"，加大国家"千人计划"项目签约力度，提高劳动力素质，加大高端

技术人才比例，以提高人才要素质量来提升制造业供给质量，推进佛山供给侧结构性改革。提倡企业根据自身定位及战略目标，建立科学的岗位任职标准、面试流程和人才测评机制，强化人力资源部门的招聘能力，以效益和技能为导向做好招人工作。引入新思维培育工匠精神，做好育人工作，逐步提升职工素质，为企业人才储备、产品创新、安全生产提供支撑，实现"百年企业、知名企业"的创建。通过制度约束，严格按照岗位的具体要求，做好用人工作。从自身入手做好留人工作，增加人才对企业的认同感和归属感，除营造"大家庭"的氛围与制定制度以外，鼓励试行新型合伙人制度，使创新人才与企业成为联系紧密的利益共同体，形成稳固的发展关系。

（2）大力培育质量专才，夯实质量人才基础

实现质量升级的战略目标，关键在人。要加强制造业人才培养，将精益求精、不懈创新、笃实专注的工匠精神与质量文化融入佛山高等教育和职业教育培训体系，推动形成质量提升的精神内核。组织佛山市高等院校和职业院校开展全面质量管理、精益管理、质量专员等培训，不断健全专业质量人才培养机制。加快培育工业机器人领域相关专才。加快佛山机器人学院建设，促进其人才培养和成果转化；建立和完善佛山工业机器人相关领域从中职、高职、应用本科到专业学位研究生一站式人才培养体系；创新人才培养模式，走"校企联合培养"现代学徒制模式、走"高校理论教学、产业教学科研中心创新实践能力培养和企业项目培养"的专业学位研究生联合培养模式，增强"产学研用"之间的衔接和成果转化，为佛山市智能制造提供质量专才保障。

（3）加强人才载体建设，扩展人才培养渠道

大力发展现代技工教育，坚持"品德+技能"、突出动手能力培养的办学理念和办学特色，提高毕业生实操能力，为佛山市输送更多的技能人才。以企业为主体培养技能人才，以企业办学校的方式培养技能人才。鼓励支持企业、行业协会联合创办职业培训学校。利用企业的场地、设施、设备、人才等资源，贴近生产实际开展技能培训，培养符合企业、行业实际需要的技能

人才。同时，扶持有条件的企业、行业协会建立技能大师工作室，通过企业技能大师带徒传技，实现技能攻关、技能传承和技能推广。另外，要工学结合，深化校企合作。鼓励各大中型企业与学校共同建设"校中厂""厂中校"式的实训环境，通过企业与院校、培训机构互派师资，学校教师与企业工程师、技师交流教学等方式，提高培训水平，让学生掌握扎实的理论知识和符合实际的操作技能。通过建立全方面、多层次的校企合作关系，培育更多的高技能人才。企业内部要重视培育高管人才，为企业的发展"指向把航"。

3. 加强政府引导

（1）深化行政体制改革，加大"放管服"改革力度

深化行政审批制度改革，推进行政审批标准化建设，着力精简创新创业、民生服务等重点领域行政许可事项。加快"互联网+政务服务"发展，完善全市统一的"一门式一网式"政府服务模式改革，提升网上、手机终端、自助终端办事深度和效率。健全企业投资"三单"管理制度，深化商事登记制度改革，推广跨部门并联审批联办机制，扩大法人"一门式"综合服务事项。加快建设政民互动大平台，提升12345平台综合服务水平。完善社会信用体系建设，推动市场监管体制创新。做好承担行政职能事业单位改革、公共资源交易平台整合等试点工作。

（2）牢固树立质量意识，营造重视质量的社会氛围

质量意识决定质量行动，质量行动催生质量成果。要引导企业落实质量主体责任，树立"质量为先、信誉至上"的经营理念，支持企业开展形式多样的质量教育与培训活动，引导员工积极参与产品质量改进，提升全员质量责任意识。加强中小企业质量意识培育，支持佛山市大型企业为广大中小企业提供全面质量管理理念、方法与经验培训服务，尽快补齐短板。鼓励行业协会和新闻媒体广泛开展质量监督和品牌宣传，组织实施群众性质量品牌活动，引导全社会关心质量、崇尚质量，建立正确的质量认知，掌握必要的质量知识，加快形成优质优价的消费理念。

（3）加强质量制度建设，坚持促发展和保底线并重

提升制造业供给质量，首先要从制度入手，守住质量安全底线。加强质量促进的立法研究，强化对质量创新的鼓励、引导、保护。研究修订产品质量法，建立商品质量惩罚性赔偿制度。建立完善产品质量安全事故强制报告制度、产品质量安全风险监控及风险调查制度。建立健全产品赔偿、产品质量安全责任保险和社会帮扶并行发展的多元救济机制。加快推进质量诚信体系建设，完善质量守信联合激励和失信联合惩戒制度。

（4）打造公平竞争秩序，优化质量建设的市场环境

推动形成支持精品制造、优品推广的市场环境，是激发企业质量提升动力的关键。要健全优胜劣汰的质量竞争机制，依法严厉惩处垄断和不正当竞争行为，营造"以质取胜"的市场竞争秩序。推动改善产品质量监管和执法机制，严格执行产品质量政策和法律规定，依法落实假冒伪劣产品的惩罚性赔偿制度，真正压缩低质量产品的生存空间。进一步深化体制机制改革，加强涉企收费管理，降低制度性交易成本，不断激发企业从事精品制造的动力。推动实施质量大数据行动，发挥质量诚信体系的公开、评价和引导功能，确立质优才能价高销量好的社会认知和行为导向。

（5）弘扬"工匠精神"，抓住提升供给质量的关键

"质量之魂，存于匠心"。"工匠精神"是一种精益求精的精神，自古以来，我国就非常重视"工匠精神"的培育和弘扬，从古代的鲁班和庖丁，到中华人民共和国成立后的"八级工"制度，其实是对工匠精神很好的诠释。在当前新一轮科技革命和产业革命浪潮下，要满足个性化、高品质的消费需求，更需要弘扬"工匠精神"。在推进佛山"制造强市"建设的过程中，围绕产业工人的技能提升培训、钻研精神奖励、创新导向奖励、职业社会保障等方面建立并完善相应的激励制度体系，逐步引导培育产业工人"精益求精"的行为习惯，最后形成超越制度的、体现为"工匠精神"的行为准则和价值观念。要加快解决"精英型"技术工程人才的培养问题，通过深化改革我市高等教育与职业教育体制机制，深化佛山科学技术学院、职业技术院校和企

业的联合培养机制，积极创办新型高水平理工科院校，为企业的转型升级提供专业技术工人。同时，坚持激发企业家精神与弘扬工匠精神相结合。提升制造业供给质量，既需要持续创新的企业家精神——这是制造业高端化、绿色化和智能化发展的保证，也需要"精益求精"的工匠精神——这是制造业质量和信誉的保证。

下　　篇
供给侧结构性改革背景下的
佛山全要素生产率提升研究

引　言

随着经济的发展，人均收入水平的不断提高，人民开始追求更高端的享受，改变了以前的消费模式，需求结构转型升级加快。从供给侧入手，减少无效供给，提高供给结构适应性和灵活性，可实现供需结构再平衡，提升全要素生产率（也称总和要素生产率，即 TFP，是产出增长率超出要素投入增长率的部分增长率，体现的是质的提升）。

提升全要素生产率的目的是利用同等的投入资源实现最佳收益。习近平总书记深刻指出：从发展上看，主导国家发展命运的决定性因素是社会生产力和劳动生产率，只有不断推进科技创新，解放和发展社会生产力，不断提高劳动生产率，才能实现经济社会持续健康发展。而提升全要素生产率既是新常态下经济增长的动力，也是解放和发展社会生产力的重要途径。

提升全要素生产率需要把握好"人、创、资、政"四个要素，其中劳动力和人才是充当知识技能传承和发展的重要原动力，科技与创新能为全要素生产率的发展提供核心动力，资本和金融能够促进资源优化配置，进而推动全要素生产率的提升及经济的长期增长，管理与制度对产业的发展具有统筹规划的作用。

作为全国制造业转型升级的试点城市，佛山市紧跟中央供给侧结构性改革的步伐，及时出台《佛山市供给侧结构性改革总体方案（2016—2018 年)》，以加快产业结构战略性调整为导向，着力从生产领域加强优质供给，减少无效供给，扩大有效供给，提高供给体系质量和效率，提升全要素生产率，推动佛山市社会生产力水平整体跃升，为佛山市率先全面建成小康社会提供强大经济支撑。

在为全面建成小康社会提供经济支撑的过程中，解决人才合理配置、资金利用盘活、创新能力提升、政策有效改革和趋势准确预测 5 个基础问题尤为重要。因此，需要全面剖析自身发展现状，补好在劳动力、资本、创新等要素配置上存在的短板，以便更有针对性地推进供给侧结构性改革工作，不断解放和发展社会生产力。

在经过深入的研究分析和充分的摸底调研后，佛山市在供给侧结构性改革背景下，全要素生产率发展目前存在的问题及对应的解决策略如图5所示。

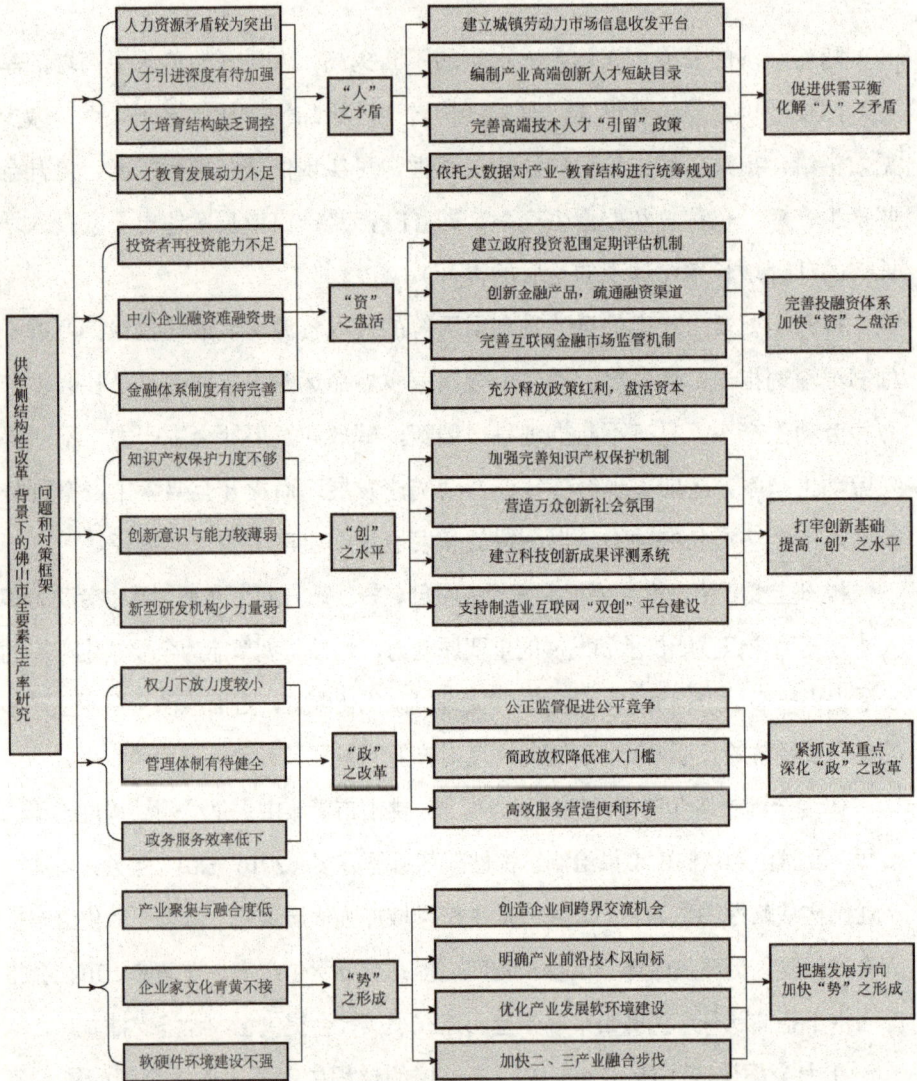

图 5　全要素生产率发展目前存在的问题及对应的解决策略

一、佛山市全要素生产率现状分析

佛山市全要素生产率正面临增速放缓的困境，尽管佛山市具有雄厚的经济实力和产业基础，但在全球深度一体化和产业智能化背景下，仍需"对症下药"，通过调整影响全要素生产率因素的投放方式和运作机制，并活用市场这只"看不见的手"，才能在该转折点实现其增速上扬，使得全要素生产率重新获得新的发展动力。

（一）佛山市全要素生产率整体情况

围绕佛山市全要素生产率的研究，采用 DEA-Malmquist 指数方法计算佛山市在全国范围内的情况。该方法可以直接得到地区年度全要素生产率变化率，并将其分解为纯技术效率、规模效率、技术效率和技术进步（数据选取说明见本篇附录 A）。使用软件 DEAP2.1 可计算得到 2010—2014 年全要素生产率变化率及其分解效率的平均数值，所得结果如图 6 所示。

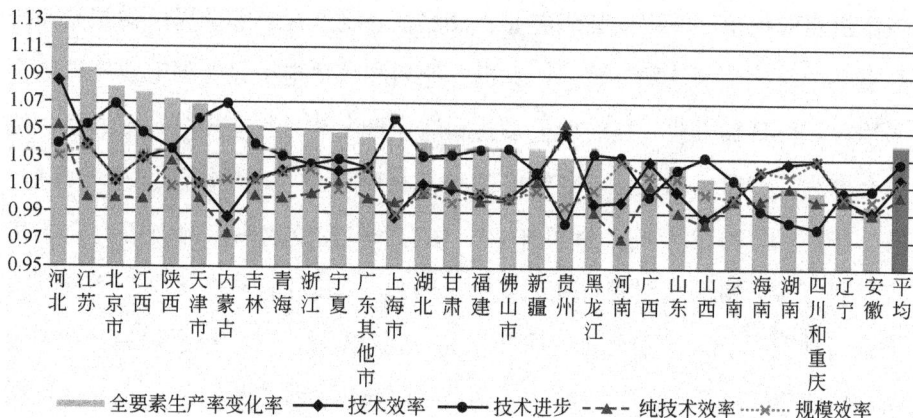

图 6　2010—2014 年全要素生产率变化率及分解效率平均值

由图 6 可知，五年来佛山市全要素生产率平均增长 3.6%，在全国处于中下游水平，低于全国 4.1%的平均水平，说明佛山供给效率有所提高，生产成本相应降低，产出也相应增加，但与全国其他地区相比，供给效率仍有待进一步提升。佛山全要素生产率对 GDP 的贡献率为 39.33%，相较于全国的 47.56%低 8.23 百分点，表明佛山仍然是以较大的要素投入来获得产出的。

（二）佛山市制造业行业全要素生产率情况分析

佛山市的经济总额大部分来源于制造业，因此对佛山市制造业行业的全要素生产率进行分析（详见附录 A）很有必要。根据数据可比原则，综合若干城市的相关产出与投入，选定北京、厦门、天津、福州、南昌五个城市制造业的 26 个行业进行对比，以此了解佛山制造业行业全要素生产率增速的大体情况。

从 2010 年至 2014 年度佛山市制造业 26 个行业来看，其 2010 年至 2012 年间的全要素生产率增长较快，之后增速有所放缓。其中，全要素生产率变化指数排名处于末三位的行业分别是专用设备制造业、交通运输设备制造业、仪器仪表制造业。而且，除非金属矿物制品业、通用设备制造业和仪器仪表制造业外，佛山市制造业全要素生产率变化指数主要受技术进步的影响。在技术进步变化中，专用设备制造业、仪器仪表制造业、非金属矿物制品业排名靠后。在纯技术效率方面，计算机、通信和其他电子设备制造业、黑色金属冶炼和压延加工业、交通运输设备制造业排名靠后。在规模效率方面，黑色金属冶炼和压延加工业、电气机械和器材制造业、家具制造业排名靠后。从 2010 年和 2012 年的分析可知，技术效率和规模效率对佛山市主要的传统优势行业，如机械装备行业、金属材料加工与制品行业、纺织服装行业、陶瓷及建材行业、石油化工与医药行业、塑料制品行业、电子信息行业、食品饮料业和家具行业的影响较大。因此，科技创新和规模扩充均是行业发展所不可忽视的。

（三）佛山市提升全要素生产率的亮点与成效

1．佛山市提升全要素生产率的主要做法及特点

（1）制度在先，统筹各项行动

为更好地统筹各项经济建设、民生实惠、人才招揽、产业转型和供给侧结构性改革等规划，充分发挥政府职能，切实提升佛山人民的幸福感，佛山政府抢在全省前列，以制度先行，相继印发实施针对各模块的方案和计划，如《佛山市"互联网+"行动计划》《中国制造 2025 佛山行动方案》《工业转型升级攻坚战三年行动实施方案》《佛山市加快推动用于生产过程的装备制造业发展工作方案》《关于提振民营企业家信心促进创业创新的若干措施》等。

（2）落实精准，促使企业受益

佛山市为推动民营企业提质增效，切中民营企业需求点，精准扶持。对近期中央、省、市支持实体经济和民营企业发展的 80 多个政策文件进行全面梳理并归类汇总，形成政策汇编。从降成本、助融资、促创新、拓市场、强保障 5 个方面出台 40 条工作措施，形成《关于提振民营企业家信心促进创业创新的若干措施》，通过省、市新闻媒体进行全文刊登并重点解读，"降成本"和"促创新"尤其受到企业界广泛好评。

（3）监督及时，提升管理水平

佛山市政府以问题为导向，进一步推进简政放权，加强权力运行监督，建立财力保障机制，创新人事管理、监督机制，强化行政责任追究制度，提升政府行政管理水平。明晰责权利相统一，确保用好管好事权，为探索纵向政府间权责异构管理，推进市、区、镇街政府事权规范化、法律化积累了宝贵的经验。

（4）服务到位，便利企业发展

佛山市率先建设"一门式一网式"政府服务体系，并依托"门、网、线、

端"四类政府服务平台,整合各级行政服务资源,将涉企投资准入审批服务事项全面纳入综合咨询、受理、投诉、举报、跟踪、协调等服务,打破了部门壁垒,实现了跨部门联合审批和信息共享,使企业政务服务更加便捷高效。

2. 佛山市提升全要素生产率工作取得成效

(1)改善了发展环境,企业发展信心进一步增强

为营造良好的营商环境,提振企业家发展信心,近年来佛山市不断努力探索,取得诸多成果。在融资贷款方面,政府发挥金融服务在企业技改中的推动作用,2015 年 8 月至 2016 年 5 月,成功为 11 户企业共 14 个项目贷款提供增信服务,帮助企业累计获得贷款授信 6 800 万元;在降低负担方面,从 2016 年 3 月起,佛山市失业保险费个人征缴率从 0.5%降为 0.2%,减轻了企业负担;在转型升级方面,政府积极发挥多层次资本市场促进经济转型升级的作用,鼓励和引导佛山市企业借助资本市场资源配置机制实现转型发展,现约有 18 家上市公司成功开展并购交易,收购全球优质资产;在激发创新方面,佛山相继出台高新技术企业培育扶持政策,加大高新技术企业扶持力度,2016 年 1~5 月,佛山市享受 15%税率优惠的高新技术企业有 62 户,减免企业所得税 8 078 万元;享受固定资产加速折旧优惠的企业有 16 户,减免企业所得税 15 万元。

(2)加强了政企互动,政府决策更加科学、民主

政府利用信息化手段,借力"互联网+"政务,搭建了"佛山 12345 暖企热线平台"和"政企通"云服务平台,实现线上线下互联互通、优势互补,打造企业问题解决中心,企业通过电话和网络即时动态地反映诉求,实现政府企业沟通"零距离"和"零障碍"。同时,深入开展各类"暖企活动"。建立党政领导班子成员定期带队深入企业开展调研的工作机制,广泛收集企业问题并帮助解决,让政府在拟定决策的过程中,真正做到问题导向,而问题又真正做到企业导向,使得决策更加科学、民主。

(3)提升了辐射能力,产业发展质量有所改善

佛山市采用"内外兼修"的做法，逐步提升经济辐射能力，进一步改善产业发展的环境。对内，建设高新技术产业开发区等核心园区，通过产业集聚的辐射引领作用，以此带动整片区域的产业发展；对外，通过加大交通基础设施建设，积极与广州三大枢纽对接，构建广佛交通"一张网"的格局。并在 2015 年 9 月 22 日举办的粤桂黔高铁经济带合作试验区（广东园）建设现场会上与广州、佛山、南宁、贵阳等贵广、南广高铁沿线的 13 个城市之间达成 71 个合作项目，投资总额达 1 021 亿元。

（4）推进了产业转型，产业结构得到进一步优化

为贯彻落实广东省技改工作部署，加快推动企业转型升级，佛山市政府有计划、有步骤地推动全市工业企业开展技术改造，大力推进技改各项政策，设立市优质技改创新项目贷款风险补偿基金，完成工业技术改造投资 278.56 亿元，增长 23.7%，2016 年 1—5 月全市开展技术改造规模以上企业 491 家。同时，产业结构得到进一步优化，三次产业比例由 2010 年的 1.9:62.6:35.5 调整为 2015 年的 1.7:60.5:37.8，第三产业发展提速，增速为 10.3%，超过第二产业 2.7 百分点。

为加快构建以企业为主体、市场为导向、产学研用相结合的自主创新体系，给予产业转型升级以新动能，佛山市从提升创新、优化存量、增量优质、壮大民企、强化平台和开放经济这六方面着手，取得了不菲成效：①全市国家高新技术企业达 716 家，国家级科技企业孵化器 4 家、国家级孵化器培育单位 13 家、众创空间 25 家。②共带动 1 万家传统企业与互联网企业跨界融合，已有 2 万多家制造业企业利用云制造平台开展业务。③先后推动 126 家"工作母机"制造业企业纳入省级骨干企业。④广东金融高新区股权交易中心注册挂牌企业达 1 614 家，帮助企业融资 287 亿元。⑤获批建设珠三角国家自主创新示范区，并荣获中国产学研合作创新与促进奖。

二、佛山提升全要素生产率存在的问题

佛山市近年来从制度着手，全方位监测，促进制度精准落实，改善发展环境，也加强了政企互动，加快了产业转型发展。与此同时，也显现出佛山在"人""资""创""政""势"等方面存在一些问题和不足，需要积极研究解决。

（一）"人"之矛盾，长期存在

劳动力供给失衡，隐性失业明显化，经济结构的变化及劳动力的流动等原因造成"人"之矛盾。

1. 人力资源矛盾较为突出

人力供求失衡明显，招工难与就业难并存情况长期存在，城镇就业压力加大和农村富余劳动力向非农领域转移速度加快，新增劳动力就业和失业人员再就业问题相互交织，就业压力、就业问题徒增。产业人力需求各不相同，一方面，佛山以传统产业为主，但是一线工人缺乏。例如，佛山市的陶瓷、家具等行业，都表示一线技术工人难请。另一方面，佛山支持发展新兴产业，但是缺乏管理人才和高技术人才。同时，人才政策落实不到位、专业人才招聘服务机构少、人才来源渠道单一、通过"产学研"培养人才的意识不强等因素也是造成人才匮乏的重要原因之一。此外，人才需求与人力成本矛盾制约企业发展，社会生存环境日益变化，人们对生活质量的要求也越来越高。面对物价上涨的现象，需要解决衣、食、住、行及抚养孩子的压力，工人的工资上涨，企业的人力成本增加，实施的"营改增"计划也并没有让企业受益，不能从根本上解决企业人力资源匮乏的问题。

2．人才引进深度有待加强

由于外来人才流动性强，所以企业对吸纳外来的高层次管理人才及技能人才的重视程度不够，甚至有些稍有规模和名气的企业，玩起了"守株待兔"的游戏。同时，外来人才也感受不到本土企业积极吸纳人才的决心。政策灵活性不足，人才流动机制不畅，如户口、档案、住房等因素，也制约了高层次人才的流动。人才吸收的政策不完善，一些优惠规定的可操作性不强，容易导致各部门相互推诿，使相关政策难以真正落到实处。缺乏人才引进的弹性制度，对不同的人才，只划分了种类、等级，但是并没有按人才的自身需求划分，没有真正做到因人而异制订优惠政策。人才预警机制缺失。建立人才预警机制能够方便员工准确了解自己的专业技能和综合素质，同时便于企业及时察觉并制订相应的办法帮助员工解决问题。

3．人才培育结构缺乏调控

随着产业结构调整和企业转型升级的深入，人才培育结构性失调的问题日趋严重。主要表现在以下三个方面：一是相当部分国家职业标准及职业技能鉴定题库比较陈旧，不符合现代产业发展的要求。二是职业技能教育培训体系建设水平提高较慢，企业自主培训是培训体系发展的短板，整体适应产业转型升级需要的匹配度不高。同时，协会开展技能培训缺乏资金支持。三是缺乏工匠文化为工匠精神的培育做支撑，生活在这样的"快餐社会"，新一代的年轻人几乎没有耐心和毅力去反复推敲打磨同一件产品。

4．人才教育发展动力不足

佛山教育发展缺乏长远规划，据统计，近年来佛山随迁子女每年净增 1万人，加上佛山新型城镇化建设进程加快，大量人口向中心城区和新建住宅小区迁移，而新建住宅小区配套基础教育设施缺失，新增学位增速低于增长人口增速，造成了学位供求矛盾。佛山的教育，尤其是高等教育，与动辄拥有数十万大学生的省会城市相比处于劣势。经调研发现，佛山人才教育发展动力不足。顶尖教育人才队伍群体不大，人才梯队和结构均不合理，教师创新水平和研究能力不强，"双师型"教师队伍建设不能适应形势要求，"强师工程"推进力度需加大。2009—2014 年佛山市高等教育阶段平均每位教师所负担的学生一直居于首位，平均负担学生数超过 25 位。2014 年，佛山的高等教育阶段平均每位专任教师所负担的学生数是 25.804 位，是上海 12.491 位的两倍以上（见图 7）。可见佛山的科教体系不够完善，教育力量薄弱，即便佛山高等教育阶段的教师队伍规模有所扩大，但教师配置仍显紧张。

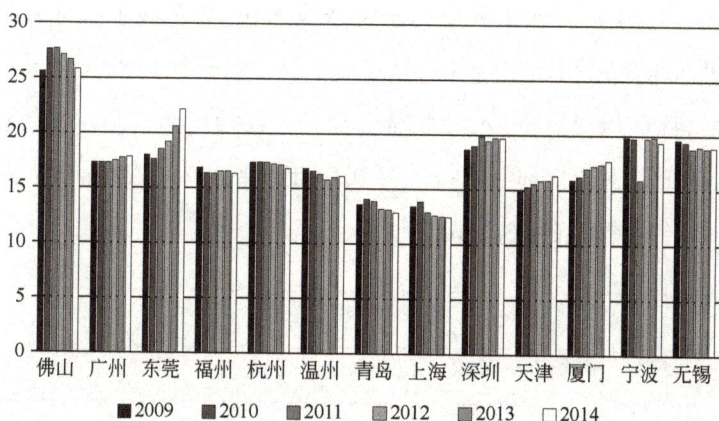

图 7　各市 2009—2014 年高等教育专任教师负责学生数（单位：位）

（二）"资"之盘活，渠道狭窄

面对出口贸易壁垒、原材料价格波动、劳动力成本增加等不利因素的影响，大批中小微企业经营成本大幅上升，企业普遍面临融资难、融资贵的老问题。

1. 投资者再投资动力不足

因为再投资效益低，导致再投资动力不足。一方面是产品附加值低影响投资者投资动力，如铝型材、照明、陶瓷等行业都面临因重复生产附加值较低的产品而导致的产能过剩问题，使得投资者对低附加值产品的产能再投资意愿降低。另一方面是缺乏核心技术影响投资者的投资信心，如高端新型电子信息、半导体照明、生物医药等新兴产业都需要精密的仪器和高端的技术支撑，而企业缺乏自主知识产权的核心技术，投资者即使对高精尖产品的投资兴趣较大，有时也会因为试错风险大对再投资有所迟缓。

图 8 清晰地展现了 2009—2014 年各城市在工业科研方面内部经费的投入情况。2014 年，佛山科研内部经费投入在 12 个城市中排名第六，属于中等投入水平。深圳在这 12 个城市中科研内部经费投入最多，高于上海，而且科研内部经费投入的涨幅也较大、较为均衡，基本维持在 60 亿元左右。佛山的科研内部经费投入在 2014 年达到 182.93 亿元，仅为深圳 2014 年科研内部经费投入的 33.13%。

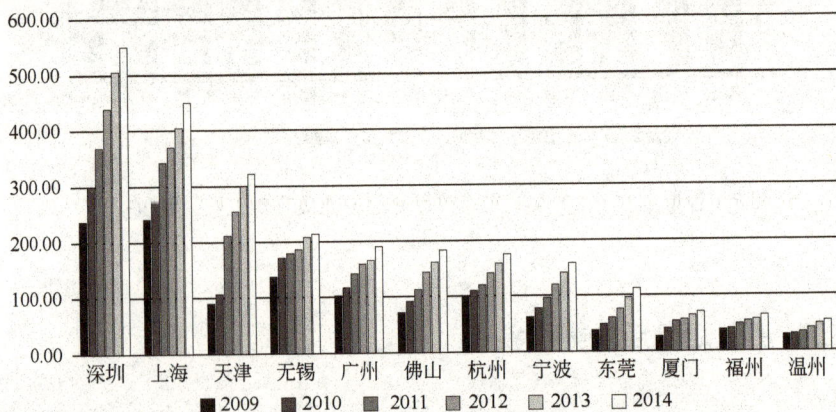

图 8　各市 2009—2014 年工业科研内部经费投入（单位：亿元）

2. 中小企业融资难融资贵

从对政府部门和企业或行业协会的调研中发现，中小企业普遍较难从银行获得直接融资。导致需要长期资金进行周转的一些中小企业不得不采取"短期贷款，多次周转"的办法，间接增加了企业的融资成本，使得佛山诸多管理水平较低、生产规模较小和创新能力较弱的民营企业在扩张投资的过程中，难以改善管理模式、提升产品质量和突破技术瓶颈。而且佛山主流融资渠道较少，除银行外一般包括信托公司、基金公司、股市委托贷款、私募基金和P2P 借贷，普遍存在成本较高、风险较大的现象。金融市场现有融资措施也较为死板落后，缺乏创新的融资渠道和针对中小微企业的贷款产品，不能适应民营企业快速发展的需求。而且在政策优惠申报的过程中，存在非本行业专家担任评审的现象，难以排除门外汉不懂行情的情况，使得部分申报单位的利益受损。

3. 金融体系制度有待完善

2015 年年末，佛山市"互联网+金融"行动方案正式出炉，但相比广东三个经济特区，以及省会城市广州这四个特殊政策和国家试点优先考虑的城市，有关金融改革和目前的"互联网+"等先行先试政策很难优先落户到佛山，推进的速度也会相对较慢，造成互联网金融发育较晚、较慢。与深圳前海、珠海横琴、广州南沙等平台相比，佛山在税收、金融等方面的投资政策支持力度明显不足。一是扶持内容较广泛，缺乏具体标的项目，企业在自身解读扶植项目时往往停留在"知其然不知其所以然"的状态，导致其"置若罔闻"。二是申报条件较苛刻，中小企业综合实力较低，在某些大的扶植项目上不能达标，在可以达标的小项目上又不能获得足够的扶植资金。三是审批流程较为繁复，即使申报达标的扶植项目，也由于审批流程繁复，提交相关材料多，花费企业过多的时间成本，降低了企业申报意愿。

（三）"创"之水平，有待提升

受传统观念、知识产权保护机制欠缺等因素的影响，使得不少企业及人才的创新意愿不强、创新动力不足，进一步限制了佛山整体创新水平的提高。

1. 知识产权保护力度不够

知识产权是企业竞争的关键要素，知识产权的保护是维持企业创新热情和促进企业站稳市场的关键举措。经调研发现，佛山市知识产权的保护力度较低，之所以如此，主要成因有以下两个方面：一是知识产权保护对象的覆盖面较窄，无法覆盖各行业，也没有根据不同行业的生产特点制定针对性的保护法规，致使知识产权难以实施有效的保护。二是跨区域的侵权行为裁决缺乏有效的判定机制和统一的裁定标准，致使企业的利益受损，挫伤了企业的创新热情。

2. 创新意识与能力较薄弱

创新是推动企业发展壮大的核心要素，而要实现创新发展，首先需要思想观念上的转变，即解放思想。但在调研过程中我们发现，佛山市大多数企业的发展观念依然陈旧，合作共赢意识不强，缺乏长远的发展规划，企业抱团发展的意识较低。由此也导致了企业的"核心技术受制于人"，迫使企业处于"大而不强"的尴尬境地。其主要成因有：一是行业缺乏资金的支持和技术的引导；二是大型企业的系统研发能力与科研基础设施难以适应行业发展的趋势；三是核心技术的研发周期较长，难以适应迅速变化的市场环境；四是企业缺乏"工匠精神"和"企业家精神"。

3. 新型研发机构少、力量弱

科研机构作为"创新研发"的主场所，其质量与数量在一定程度上决定了企业发展的质量与规模。在佛山企业的科研机构活孵化器的建设上，由于"政府主导"或"政府领导"的不合理运行机制、创新环境的不完善、投资结构单一和行政的过多干预，束缚着企业在研发、创业、持股等成果转化方面的手脚，导致新型科研机构的创新力量薄弱。

（四）"政"之改革，尚待深化

早在 2015 年，佛山在政务改革方面便已大刀阔斧地发布和推进了不少政策举措，其中的"佼佼者"当数"一门式"政务服务改革。但在事权下放和市场管制等方面，佛山仍存在不少纰漏，尚待进一步落实。

1．权力下放力度较小

加大权力下放力度有利于从根本上提高党政机关的办事效率。调研发现，佛山市目前的权力下放力度仍然不足，部分党政机关部门的改革存在一刀切的现象，部门间的权力、职责具有重叠问题，部门间的工作衔接不流畅，行政审批事项较多，基层审批部门的人力、物力和财力配套不足，致使企业和人们办事多头跑。与此同时，各种红色文件较多，越权减损公民、企业和其他组织的权力或增加其义务的现象依然存在。

2．管理体制有待健全

市场的正常有序运行，既需要政府这只"有形的手"，也需要市场这只"无形的手"。但更多的是需要发挥"无形的手"的力量，减少"有形的手"的干预。佛山在管理体制方面主要存在以下四个问题：政府对市场干预过多、审计流程较烦琐、执法力量不足和财政收支矛盾较为尖锐。责任追求机制尚未建立，基层执法力量薄弱，财政投资结构失衡，财政系统内部纵向与横向的沟通机制阻隔等瓶颈在很大程度上制约着政府财政支出与补贴在佛山中小企业发展中作用的发挥。

3. 政务服务效率低下

调研过程中我们发现，佛山政务服务存在如下五个方面的问题：一是政府政务服务一体化、系统化、智能化和便利化建设不足，有待进一步加强和完善；二是公共服务均等化、服务体系规范化和便利化需进一步加强；三是人力资源与社会保障服务效率尚待提高，服务体系不够完备；四是"数据孤岛"问题较为明显，数据质量较差，"数据打架"现象凸显，政府数据共享平台需加快建设；五是政府的社会服务购买缺乏有力的政策支撑，购买方式单一，内容相对集中，社会服务难以有效对接。

（五）"势"之形成，言之尚早

在供给侧结构性改革的大背景下，佛山各区多措并举，推进产业转型升级。在这个过程中，缺乏有效的长远规划将各区的优势拧成一股绳，难以推进佛山产业经济迈向更高的台阶。

1. 产业集聚与融合度低

近年来，随着佛山产业园区的增加，产业融合初见成效，但和广州、深圳等大城市相比仍有一定的差距：一是产业园区定位不明确，前瞻性不足，缺乏对未来产业园区的投资规划；二是产业融合度低，表现出跨行业、跨领域的排斥现象，不利于"大产业"格局的形成；三是政策指引性不强，没有为传统产业的融合发挥"指路灯"的作用。在对行业协会的调研中发现，不少企业及行业协会为自身的发展前程担忧。如因为缺乏长远的产业发展规划，使得某些企业在建好厂房后还没有盈利就被迫拆迁，为企业带来了巨大损失。这就是因为某些产业规划对相关政策措施并没有协调应用，没有结合自身发展情况合理运用政策。

2. 企业家文化青黄不接

企业家文化是企业文化的核心，是主宰企业未来发展脉络的重要因素。而佛山企业家文化正处于青黄不接的尴尬境地，尤其是在传统产业中，新一代企业家和老一辈企业家的文化冲突，必然阻碍整个产业团结一致地发展。综合来看，企业家文化青黄不接具体表现在以下两个方面：一是落后的企业家文化仍占据主权，导致经营管理能力脱节反而被错误地归咎为"市场不景气"。导致这种现象的原因是部分老一辈的企业家只沉浸在过去的辉煌，缺少对当前社会发展现状的客观、理性的分析。二是缺乏对先进产业资讯的学习和思考，老一辈的企业家大多依仗自身经验丰富，对新一代的企业家的诸多建议置若罔闻，无视产业发展规律和政策规划指引，导致企业的经营缺乏创新性，不能完美适应时代发展的需求。

3. 软硬件环境建设不强

由于行政分割、规划统筹力度不足等原因，街道之间道路交通联系还不够密切，公交发展仍不能较好地满足市民多层次、多样化的出行需求，区域间、部门间智能交通一体化和交通大数据共享化的进程缓慢，佛山本地市民出行不便利。从珠三角一体化、粤港澳、华南大区域等区域战略角度思考，目前广佛同城化进展良好，但与深圳、香港等地的联系仍不够紧密，地铁、铁路、高铁等轨道交通运输对接的相关建设推进速度一般。在建设硬件基础设施的同时，也要加强基础创新、互联网+应用、医疗、公共服务平台等软基础设施的建设。在"互联网+"城市排名中，佛山排名第 18 位，不仅落后于一线城市，与福州、东莞等地也有一定差距。针对互联网+产业，佛山指数为 1.002 6，对比北京、深圳、上海和广州，有着较大差距，四个一线城市指数分别为 11.97、9.01、6.51、5.56，是佛山 5 倍以上，与北京的差距更是接近 12 倍。在细分行业中，佛山只有互联网+医疗能够挤进十强城市。从 2009年至 2014 年天津市的互联网用户数达到 1 000 万户以上，而佛山市互联网用户为 200 万户左右，如图 9 所示。

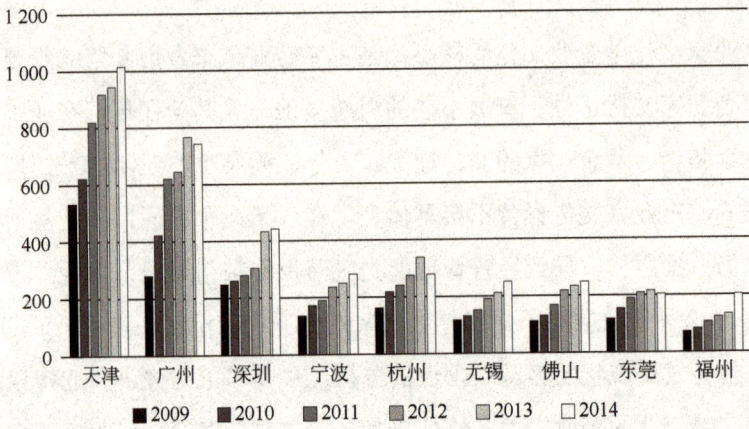

图 9　各市 2009—2014 年互联网用户（单位：万户）

三、国内外先进经验借鉴

（一）加强教育改革和提高人力资本素质是国家发展战略要求

1. 颁布法令，把教育改革提升为国家战略

第二次世界大战后，美国制定了一系列政策和法案，把教育提高到关乎国家安全的高度，并作为一个战略措施进行严谨地部署。除《国防教育法》的颁布以外，美国教育史上具有重大影响意义的政策还包括《国际教育法》《美国 2000 年：教育战略》《不让一个孩子掉队法》。这些法令目标明确，内容具体翔实，大多明确配有相应的财政支持，有利于美国教育优先政策的贯彻实施。同时，美国国家高质量委员会还推出了具有里程碑意义的报告——《国家处在危险之中：教育改革势在必行》，可见随着时代的变迁，美国政府更加深刻地认识到发展教育是增强国家竞争力的"法宝"之一。

2. 招贤纳士，国内培育和国外引进相结合

韩国更加注重国内人才培养，为培育高端创新型人才，设立了专门的创新型人才科研机构，实施创新型人才培养工程，强化精英教育。韩国国家科学技术委员会还公布了"振兴理工科 5 大战略"，提出了"保障理工科人才数量的持续性增长和自我价值实现"的目标，营造有利于理工科人才发展的职业环境，建设稳定的创意型、交叉型教育和研究环境，为理工科人才创造有

前途的就业岗位。

深圳市也在内部人才培养上发力，实施的科技创新券制度，通过新设创新引导基金，把财政资金导向更具发展潜力的中小型科技企业和新兴行业，重点支持前沿技术、共性技术和核心技术研发，旨在有效提升创新能力，使得本土培养院士实现零突破。同时也通过"孔雀计划""珠江计划"等，实行高精尖人才培养引进。

3. 借力网络，打造教育教学变革全新引擎

作为国内对教育教学进行变革创新的榜样，深圳市先后通过出台《深圳教育信息化发展规划（2015—2020 年）》和《深圳市中小学智慧校园建设与应用评价标准（试行）》，实施中小学教育信息化"十百千"培养行动计划等措施，提升了教师信息技术应用能力，建成了 60 所"智慧校园"和 12 个优质数字教学资源共建基地，累计制作优质课程视频资源 2 万多节，点播量超 1 600 多万人次。全市各级各类学校在校生数量从 109.9 万人增长到 144.2 万人，幼儿园在园儿童从 26.1 万人增长到 43.8 万人，率先成为广东省推进教育现代化先进市。

（二）科技创新是推动经济转型升级和提质增效的"第一动力"

1. 法律保障，有条不紊促进科技创新发展

巴西科技与创新部出台《巴西 2012—2015 年国家科技创新战略》政策文件，指出了"国家科技创新战略"的目标，确立了巩固国家科技创新体制方针，扩大健全了基础科学和工程学战略人才培养的"科学无疆界"计划；与国家教育部和私营机构开展合作，和世界优秀的高等教育机构和研究机构加强交流，稳步促进巴西的科学研究进入国际研发网络。

韩国通过法规明确职责，以宪法为后盾、行政法规先行的做法，为技术

创新服务提供保障。宪法规定政府必须通过科学技术的革新及人力开发为国民经济的发展做出努力，国家科技委员会作为永久性行政委员会，承担国家重大科技政策的制定、科技产业优先发展项目的决策、科技发展的统筹协调等工作，以加强政府制定实施科技创新政策的宏观调控能力，健全国家创新系统，更好地为企业技术创新服务提供保障。

2. 深耕产业，聚焦信息技术发展未来产业

巴西联邦政府和地方政府制定了一系列的税收优惠政策并采取了相应的鼓励措施，旨在发展本土软件产业。重视信息技术的自主创新，积极培育软件产业，鼓励企业自主研发、自主发展。由政府牵头，联合电信监管机构制订了电信发展和电信监管的目标计划，提高和保障了电信服务质量，使巴西软件产业得以迅速发展。整合企业、高校的科研力量，充分发挥他们在产业发展中的纽带作用，建立行业协会和孵化器等机构专攻软件产业。把软件产业作为出口发展政策中的绝对优先产业，大力投资支持软件企业生产出口的软件产品和服务，在国外设立对应的办事处和商业机构，为企业提供一站式、全方位服务。

国内同样有关注信息技术发展的城市，深圳市抓住产业发展的机遇，出台以电子信息产业为核心的高新技术产业的政策和措施，鼓励企业自主创新，引进大型跨国公司，大力发展自主创新的高新技术产业和民营科技企业。在 2014 年先后发布《深圳市机器人、可穿戴设备和智能装备产业发展规划（2014—2020 年）》和《深圳市机器人、可穿戴设备和智能装备产业振兴发展政策》等文件，政策红利持续释放，同时还成立了航空航天、无人机等创新联盟，现"未来产业"规模已超 4 000 亿元，成为经济新增长点。

3. 筑巢育凤，搭服务平台促新型孵化模式

为贯彻落实国务院办公厅《关于发展众创空间推进大众创新创业的指导

意见》，深圳积极完善创客空间新型孵化模式，大力培育创客文化，释放全社会创新创业的活力，为建设现代化国际化创新型城市做出贡献。通过拓展创客实践空间，搭建创客服务平台，举办深圳国际创客周和国际创客交流活动等，建成深圳湾创业广场，打造国际创客中心，建成一批低成本、开放式、便利化的创客空间载体，形成一批内容丰富、成本低廉、开源共享的软硬件资源，营造一种创客教育普及深入、创客精神发扬光大的城市文化。

宁波市为了适应更高水平创新和开放的要求，着力优化重大平台功能布局，积极拓展供给的空间载体。建设了国内首个以新材料产业为主导的科技城，并积极谋划国际海洋生态科技城，打造宁波区域创新格局的"双子星座"。出台《关于培育发展众创空间促进大众创新创业的实施意见（试行）》，鼓励支持高等院校、优势企业、重点开发区等依托现有条件及社会资源建设众创空间。实施"智团创业"计划，每年安排 3 000 万元专项经费支持海外高层次人才携带技术、项目来宁波创办创新型初创企业。创新对外贸易合作载体，推进国际交流合作，鼓励企业开展对外投资合作、跨境融资，积极吸引国际知名大学来宁波办学。

4. 统一度量，建立科技创新监督评价机构

巴西科技部发布《监督和评价政策》（PMA），成立了"国家评价常设委员会"评价机构进行科技创新方面的宏观评价工作。该机构要求政府所投资项目的执行者要定期向"国家评价常设委员会"提交必要的数据，供监督和评价。联合政府各科技管理部门已有的评价机构，组成一个新的国家级科技评价组织构架，并保留这些评价机构的自主权。同时该机构的另一项工作内容就是每年接受社会监督意见，找出潜在的瓶颈和问题，为下一年的政策优化提供依据。

（三）加快金融体系建设和资本盘活步伐能激发市场投资活力

1. 数字记账，实施标准且统一的缴税制度

巴西建立数字化记账公共系统，实现金融和财政信息的标准化，促进税收征收办公室之间的合作一体化。加强过程控制、快速获取信息及数据交集和电子审计等有效的操作监控，快速认定税收违法行为。对小企业实行税收和社会缴款统一缴纳制度，把由不同层级政府征收的几种税收和社会缴款的遵从义务简化为单一的月申报表，减轻了小企业的税收遵从负担。2014 年，巴西对该制度有了新规定，每个小企业都适用统一的缴纳制度，而无须考虑其经营活动的性质。

2. 金融创新，互联网金融孕育第三方支付

在互联网金融方面，上海市业态门类相对齐全。目前第三方支付、网上金融产品销售、金融资讯服务、信用信息服务、网络融资中介服务、电商小贷等主要互联网金融业态在上海均有不同程度的发展。尤其是在互联网金融孕育下的第三方支付领域,在上海更是发展迅猛,国内第三方支付领域约 60%的业务量及银联、快钱、汇付天下等主要企业汇集上海；东方财富、诺亚财富、好买基金等企业首批获得第三方基金销售牌照并开展网上销售业务；大智慧、力得咨询、东方财富等国内领先的金融资讯服务企业，拍拍贷、平安陆金所等国内主要 P2P 网络融资平台也均集聚上海。在第三方支付企业蓬勃发展的同时，为确保互联网金融的安全及防范可能存在的风险,2011年上海转发了《关于促进本市第三方支付产业发展的若干意见》，从财税政策、业务拓展、环境营造等方面支持第三方支付企业（特别是互联网支付企业）在本市集聚发展；同年 12 月，上海市金融办、财政局出台《关于对本市第三方支付企业实行财政扶持政策的实施办法》，进一步明确了

扶持对象、扶持方式及操作流程。此外，上海政府出台的《关于促进本市互联网金融产业健康发展的若干意见》，重点聚焦第三方支付公司、金融大数据采掘加工、金融产品销售与财富管理、金融资讯与金融门户、网络融资与网络融资中介，以及各类持牌金融机构设立的相关功能性总部或法人机构。

（四）政策制度和管理方法是掌控产业经济巨轮航海线的尾舵

1. 统筹规划，优资源配置，促城乡均衡发展

美国为打破行政区域界限，整体统筹区域资源利用、环境保护、产业布局和重大项目建设，依托发挥中心城市的辐射带动作用，构建了集聚度高、开放式、多层次的城镇体系，形成了不同层次、功能互补的城镇体系。注重整合各种生产要素，合理配置资源，培育龙头城镇和城镇群，提升聚集效能，以点带面，渐次连片，推进区域城乡一体化、公共服务均等化，实现城乡均衡发展。强化政府在推进城镇化进程中的宏观调控和指导协调作用。运用各种手段，最大限度地调动社会各方面力量来推进城镇化：一是运用财政金融政策，有效解决城镇化建设资金不足的问题；二是健全社会保障体系，着力解决住房和就业难题；三是鼓励动员社会民间团体参与城镇社区建设。

2. 围绕市场，加快产业产品供给结构调整

宁波市以打造"一圈三中心"为方向，推动生产结构和产业结构战略性调整，努力转变不合理、不适应需求变化的产业产品结构。积极发挥港口的资源优势，大力发展航运业，积极壮大现代金融、现代物流、电子商务、创意设计等特色优势服务业，促进现代服务业发展。以高技术和高附加值为导向，突破关键核心技术，实施重大产业项目，大力发展高端装备、新

材料和新一代信息技术三大战略产业，构建产业新支柱。以"绿色化、高端化、集群化"为发展方向，大力提高石化、汽车、纺织服装、家电等传统优势制造业的竞争力。实施不锈钢、铸造行业差别电价政策，实施不锈钢行业整治，出台国家房地产政策实施细则，调整优化棚户区改造货币化安置标准与政策。

四、供给侧结构性改革背景下佛山市全要素生产率提升建议

（一）促进供需平衡，化解"人"之矛盾

针对人才方面存在的四大问题，将从四个方面提出具体建议或对策来一一化解（见图10）。

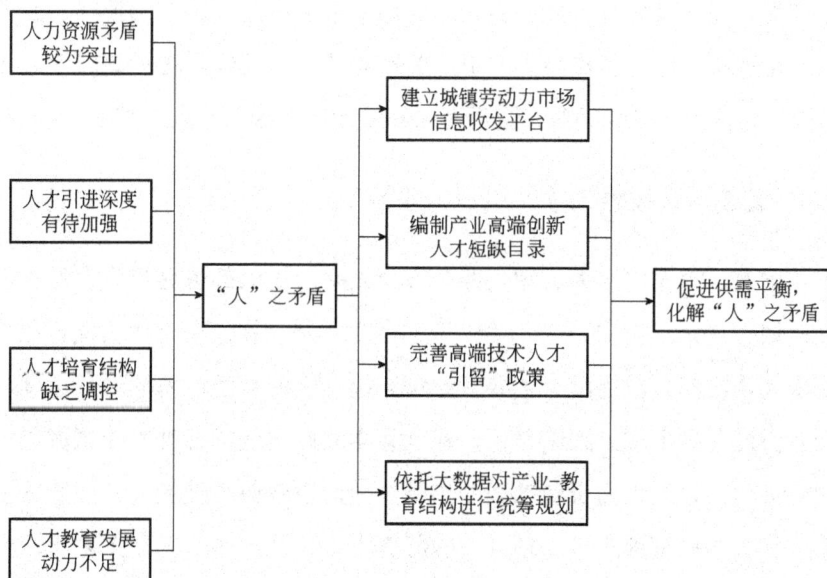

图10　化解人才矛盾的框架

1. 建立城镇劳动力市场信息收发平台

建立城镇劳动力市场信息收发平台，利用信息的完整性、时效性和真实性，推进人才需求和人才供给的协同发展。沿用和完善原有的劳动力市场信息机制，去其糟粕，取其精华。成立专门的政府部门，由市政府牵头，部门成员由各政府直属部门提供，负责整理汇总人才信息平台上的供需信息；开通面向企业、协会、教育机构和人才市场的平台客户端，不断推动信息传递的速度和质量，把关信息的真实性，帮助企业、教育机构和劳动力市场三者之间更好更快地做出调整。

2. 编制产业高端创新人才短缺目录

了解佛山市优先发展、鼓励发展的产业和行业对人才的需求，通过大数据分析预测产业发展的人才需求变化，编制人才短缺目录，发挥需求导向的信号作用，以此吸引海内外各类人才到佛山市求职发展。准确把握企业人才需求变化趋势，进一步提高人才引进的针对性、有效性，增加高层次人才的储备量，助推人才结构调整，实现人才开发和产业结构、人才需求紧密结合。

3. 完善高端技术人才"引留"政策

从招人、育人、用人、留人四个方面入手，积极部署落实广东省"珠江人才计划"，加大国家"千人计划"项目签约力度，提高劳动力素质，加大高端技术人才比例，以提高人才要素质量来提升全要素生产率的增长速度。提倡企业根据自身定位及战略目标，建立科学的岗位任职标准、面试流程和人才测评机制，强化人力资源部门的招聘能力，以效益和技能为导向做好招人工作。引入新思维培育工匠精神，做好育人工作，逐步提升职工素质，为企业人才储备、产品创新、安全生产提供支撑，实现百年企业、知名企业的创建。通过制度约束，严格按照岗位的具体要求，做好用人工作。从自身入手做好留人工作，增加人才对企业的认同感和归属感，鼓励试行新型合伙人制度，使创新人才与企业成为联系紧密的利益共同体，形成稳固的发展关系。

4. 依托大数据对产业-教育结构进行统筹规划

提高学校业务部门及校领导对大数据在教育中价值的认识，为大数据在教育中的使用提供资金补助，降低大数据应用协调和管理成本。鼓励高校通过数据集成和整合，形成历史数据仓库，建立以服务为目标的数据集市和主题数据库，促进形成数据展示平台。将建立的数据展示平台和产业人才需求对接，分析预测产业发展的人才需求趋势，对教育结构进行统筹规划调整。

（二）完善投融资体系，加快"资"之盘活

针对资本方面存在的三大问题，将从四个方面提出具体建议或对策来一一盘活（见图11）。

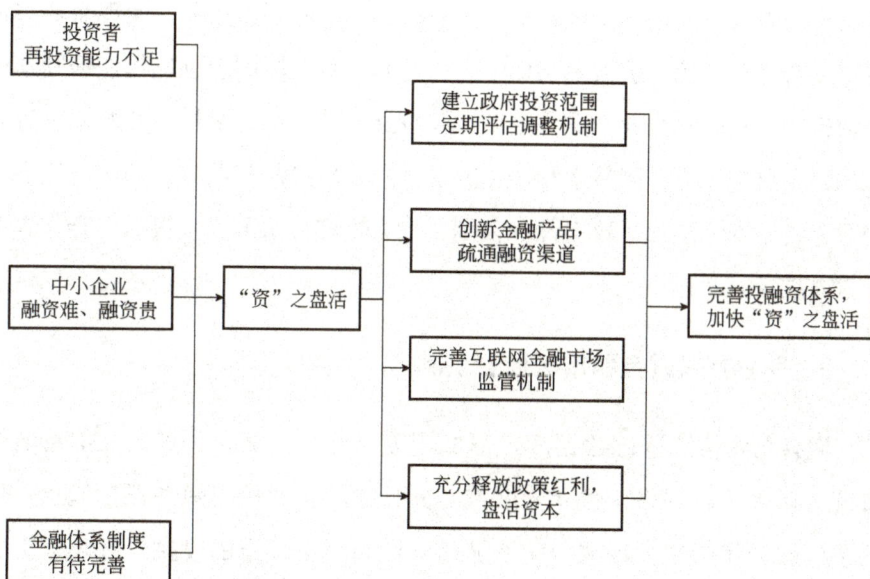

图 11　加快资本盘活的框架

1. 建立政府投资范围定期评估调整机制

建立政府投资范围定期评估调整机制，使财政扶持资金的投向更加规范化、科学化和系统化，实现政府投资效用最大化。由佛山统计部门牵头，定期组织佛山产业和经济相关专家，共同就过去一定时间内的佛山经济运行和产业发展状况进行分析，研究制定在未来一定时间内政府财政帮扶的主要产业或领域，更好地把握政府投资资金的脉象，定时检验和反馈投资的成效。

2. 创新金融产品，疏通融资渠道

拓宽科技企业融资渠道，创立以"贷""投"相结合的科技银行，适度降低科技型企业的信贷门槛，提高对科技企业的资金支持。鼓励各高新技术产业载体、科技企业孵化器组织引导具备高成长性的科技中小微企业发行集合票据、债券，推进广东金融高新区股权交易中心创新服务，实现企业与资本市场的有效对接。扩大金融供给，引进和培育互联网金融机构，鼓励本地金融机构、互联网企业、龙头企业发起设立互联网金融机构，开发、引进并形成具备自主风险控制技术和能力的互联网金融产品和服务，切实降低小微企业融资成本。扩大"政银保"范围，大力推广三水区"政银保"合作农业贷款先进经验。

3. 完善互联网金融市场监管机制

完善企业信息基础数据库，形成覆盖企业、投资者、责任人信息的全市统一信用信息网络，建立分区域、分行业的企业信用弹性征信制度，依规予以联合信用约束惩戒，营造诚信守法、公平公正的投融资环境。更新对目前构建起来的多元化融资体系和多层次网络资本市场的监管对象，归类各种通过互联网衍生出来的融资产品。防范互联网金融在发展过程中对传统金融体系的风险外溢效应，尤其注意区域性、系统性风险的存在，严

控和跟踪以银行为主导的传统金融体系在互联网外拓服务方面可能存在的风险，并对可交易内容给予用户风险警示，保障消费者的资金和信息安全。

4. 充分释放政策红利，盘活资本

梳理相关投融资激励政策和上市挂牌新规，并进行网站公示和解读。设立企业投融资热线，鼓励优质中小企业、科技企业股改、上市或挂牌，激活资本市场，提升企业直接融资能力。支持企业发行债券，引导企业积极运用交易所公司债、区域股权市场私募债等手段募集资金，扩大企业直接融资规模。充分发挥广东金融高新区作用，构建企业与资本对接平台，加大配套服务，实现投资方与融资方的信息对接，促进投资人、金融机构、融资企业的有效沟通和交流。吸引民间投资，引导传统企业家投资战略新兴产业、现代服务业、现代制造业，促进富余民间资本有效流动。以行政审批标准化为突破口，使民营企业与中小微企业公平进入资本市场，提高民营资本配置效率。

（三）打牢创新基础，提高"创"之水平

针对创新方面存在的三大问题，将从四个方面提出具体建议或对策来一一解决（见图 12）。

1. 加强完善知识产权保护机制

以国家知识产权服务集聚区、发展试验区、投融资试点、专利导航产业发展区为重点，加大知识产权的保护力度。建立覆盖各产业的科创技术认定标准，构建完善知识产权服务价值生态链，发挥市知识产权协会联盟作用，加快建立知识产权交易平台与建设知识产权培训基地，落实"繁星""鲲鹏""乘龙""英才""清风"等计划，全面提高知识产权综合能力。完

善知识产权保护制度，加大研发人员发明成果转化的报酬比例，提高高等院校、研发机构专利申请的积极性，激发将获得专利的知识技术有成效地进行实际应用的行为。

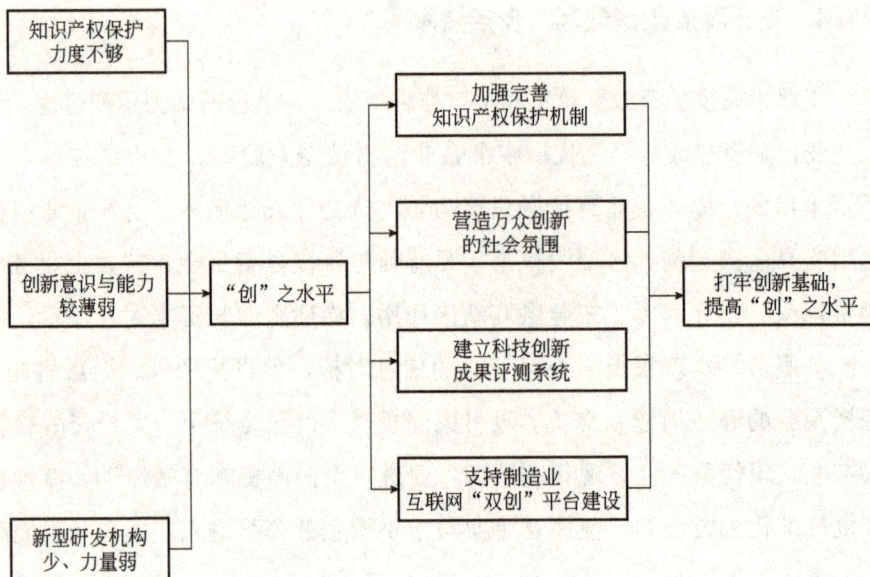

图 12　提高创新水平的框架

2. 营造万众创新的社会氛围

实施"倍增计划"，依托佛山国家高新技术产业开发区、中欧科技合作产业园、中德工业服务区等创新园区，实施"倍增计划"，优化佛山孵化平台的区域布局，引导企业围绕着产业转型升级、创新驱动发展和提升区域科技创新能力的需要，大力建设工业设计、新光源、装备机械、物联网、新材料等各类创新创业孵化载体，培育出发展创新工厂和创客空间等新型的众创空间，以此营造万众创新的社会氛围。

3. 建立科技创新成果评测系统

按行业发展特质分类，逐步建立起覆盖所有产业、具有佛山制造业特点的科技创新成果评测系统，定期对各行业中投身于科技研发和成果转化的企业进行成效监测与评估，并把评测结果作为政策科创基金认定补助对象的决策依据之一。依据科技管理部门的评估机构，成立"评估委员会"，保证评测过程的权威性、专业性和公正性。该委员会通过招投标的方式，联合第三方有资质的评测机构共同建立持久有效的、对制造业转型升级有深远影响的集监测和评估于一体的科技创新成果评测系统，为科研团体提供有效的价值参考。

4. 支持制造业互联网"双创"平台建设

组织实施"双创"服务平台支撑能力提升工程，支持引导大型制造业建立基于互联网的"双创"平台，鼓励基础电信企业加大"双创"基地宽带网络提速降费力度，开创大中小企业联合"双创"新局面。分行业挖掘遴选一批实施效果好、可复制性强、带动效应显著的大企业"双创"案例，引导同行业的企业找到"双创"切入点，推动创新建设。研究制定精准施策、分业推进的精细化支持政策，强化负面清单、责任清单和权力清单制度。探索建立制造业"双创"引导基金，推动大企业在创新发展上不断实现新突破。

（四）紧抓改革重点，深化"政"之改革

针对政改方面存在的三大问题，将从三个方面提出具体建议或对策来一一改革（见图13）。

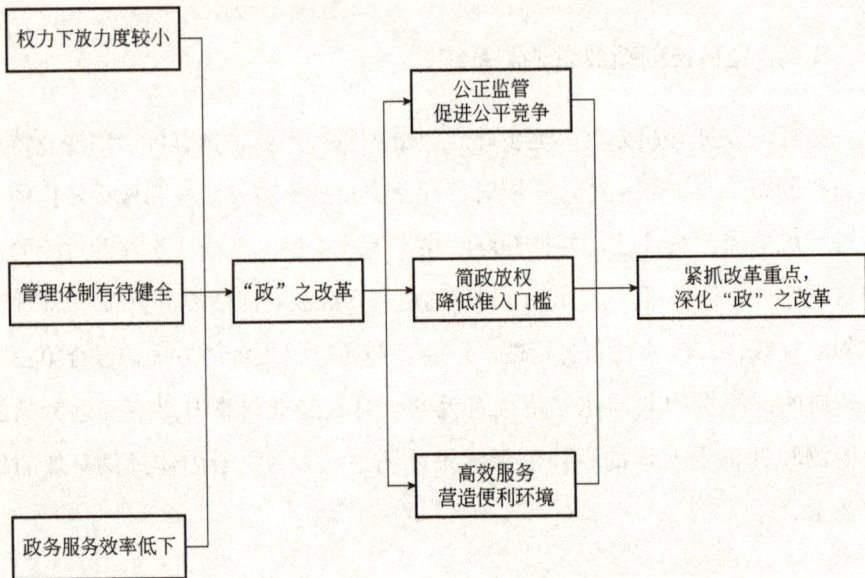

图 13　深化政务改革的框架

1. 公正监管促进公平竞争

　　强化生产经营者主体责任，完善消费赔偿先付制度，建立企业产品和服务标准的监督制度，促进市场公平竞争。健全社会监督机制，完善监管执法保障，加快形成权责明确、公平公正、透明高效、法制保障的市场监管格局。依照反垄断法、反不正当竞争法的有关规定，严肃查处损害竞争、损害消费者权益的行为，严厉查处仿冒名牌、价格欺诈、销售无合法进口证明商品等不正当竞争行为，依法保护各类知识产权，打击侵犯知识产权和制售假冒伪劣商品的行为，维护市场正常秩序。

2. 简政放权降低准入门槛

　　主动放弃对"权力"的留恋，积极处理好政府和市场、政府和社会之间的关系，消除固有的"放权就乱"的意识。提高简政放权的透明度，使简政放权摆脱"暗箱操作"的状态，让广大企业准确把握关键信息。转变政府机构职能，改革社会组织登记管理体制，降低社会组织准入"门槛"。通过简政放权，解除束缚和捆绑，打破不适应市场规则的门槛和关卡，借助权力的减法促进市场轻装前行。

3. 高效服务，营造便利环境

建立信息公开制、首席代表制、首问责任制、服务承诺制，规范审批服务工作。对各窗口单位开展政策法规、业务知识、操作规程和技能等学习培训，提高综合素质和业务能力，培养高素质的窗口服务人员。遵循"统一机构名称、统一机构性质、统一管理职能、统一收费标准"的四个统一原则，完善便民服务功能，加强精细化管理，规范业务操作，精简工作程序，提高办事效率，提升服务水平，真正把实事办到群众心坎上，让办事群众少等人、少跑路、少排队，为办事群众营造一个更加高效、更加便捷、更加舒心满意的服务环境。

（五）把握发展方向，加快"势"之形成

针对趋势方面存在的三大问题，将从四个方面提出具体建议或对策（见图14）。

1. 创造企业间跨界交流的机会

成立佛山跨界智慧企业家交流联盟，不限企业规模、不设行业种类、不设地域门禁，邀请各界企业家加盟，为有意向了解企业跨界发展前景的企业家们定期提供非正式会面的机会。政府仅为其选取第一任负责运作和统筹见面会的联盟干部，包括联盟主席、联盟运作费用由各界企业家以"会费"形式按需缴纳。通过沙龙、茶话会、外访考察等形式，增进各行各业企业家们的交流黏度，传播不同行业的发展资讯，革新企业家群体文化，促进企业跨界融合发展。联合《佛山日报》，将在交流合作中企业家们反映出来的合作动

向作为"企业跨界发展"新专栏进行宣传报道，吸引更多有同样需求的企业家加入。

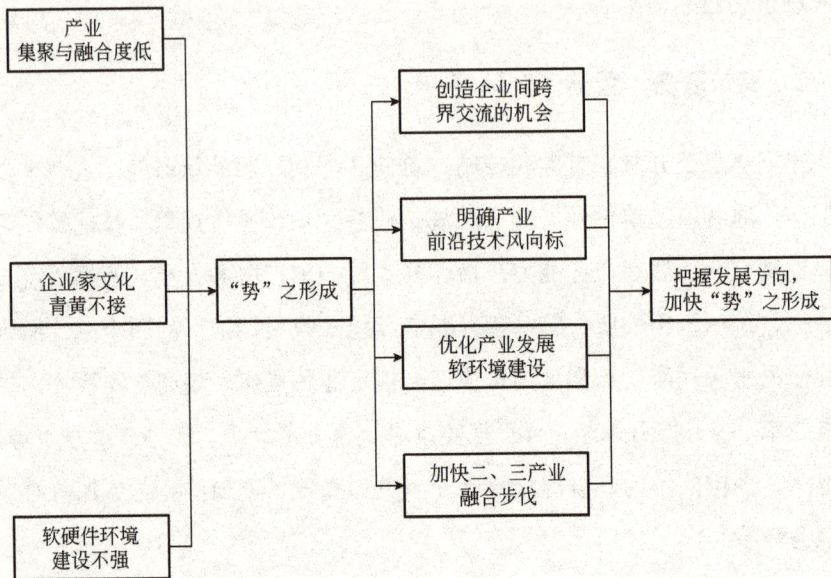

图 14　加快趋势形成的框架

2．明确产业前沿技术风向标

定期邀请与佛山产业相关的专家学者，共同编制各产业前沿技术研究报告，并在政府网站和企业联合会等群团组织中进行公示，为选择科研项目投资的企业答疑解惑。产业前沿技术研究报告中明列各行业当前的高端技术及其门槛的同时，还需提出各规模企业在追赶前沿技术风向标时相应的对策建议。并提供研究报告反馈服务，设立求助热线或平台，挂钩佛山扶植政策，收集有意突破标的前沿技术项目的企业名单，组织专家团队进行企业综合实力摸底调查，为企业拟定研发路线给予一定的技术支撑和资金帮扶。

3．优化产业发展软环境建设

以政府引导、公益服务带动社会化专业服务机构广泛参与为导向，以服务佛山广大中小微企业为目标，整合全市公共服务资源，统筹完善全市中小企业云服务平台建设，升级供需对接功能。依托大数据产业园，引导企业借助"阿里巴巴产业带"、佛山京东云产业基地等电商平台，联合搭建产品舆情监测平台，为企业提供产品研发、产品升级、技术应用等策略建议。以企业专利技术需求为主体，充分发挥政府的引导作用，搭建技术资源对接平台，发展专利"共享"模式，减少中小微企业购买专利的压力。引入国家重点实验室、国家工程实验室、国家工程技术中心等研究机构，鼓励各创新主体积极参与"双创"孵化平台建设，借助平台实现线上实时沟通，助推创新信息的开放与共享。

4. 加快二、三产业融合步伐

为更好地发挥佛山制造业优势，提高第三产业的增长速度，尤其是推动生产性服务业的壮大，建设二产（指第二产业和第三产业，下同）信息交流平台，提供二产供求信息、物流信息、合作信息和政策信息，同时对二产融合过程中的新增跨界岗位进行招聘。推进第二产业集群化发展，提高服务业的响应速度和服务质量，深化二产融合度。借助第二产业的多元化需求拓宽第三产业的产品种类，构建二、三产业融合互动机制，鼓励服务业优化针对制造业的外包服务，包括商品包装、产品营销、品牌建设和物流货运等，诱导制造业逐步把服务端剥离出去，把更多的企业资源用在生产和研发上。

附录 A　六市间行业实证分析

1. 数据选取和计算

本书是围绕佛山市展开的对全要素生产率的研究，而佛山市的经济总额大部分来源于制造业的贡献，因此将首先对佛山和若干个参考城市在制造业各行业的全要素生产率进行分析，这就需要搜集各参考城市及本市在制造业各行业的投入和产出数据，即对佛山各行业进行横向的对比，进而求出其各行业在以若干个城市为参考下的全要素生产率。其次，对佛山市及其所在的广东省和全国各大省份的三产业（指第一产业、第二产业和第三产业，下同）进行横向对比，进而获得佛山在全国范围内更具客观性和涵盖性的三产业全要素生产率的高低程度。对于市级层面的分析，围绕包括佛山市在内的六个城市，选取市工业各行业总产值、从业人员、固定资产合计和工业出产价格指数几个指标作为分析变量；对于省级层面的分析，围绕全国中的三十个省，选取省地区国民生产总值、城镇从业人员、固定资产投资和固定资产投资价格指数，时间均为 2009—2014 年。

可以看到，在两个层面的分析中所使用的面板数据中的实际变量是不一样的，当然，这在国内外的同类型研究分析中也不一定相同，或者说能做到在各层面上变量均一致的案例十分稀少，尽管在理论上有指明变量的标的指标，但因受制于数据的完备性及可用性，使得在实际分析中不得不放弃某些缺失重要变量的对象，而重要指标的缺失形式往往表现为在分析时段上存在更新、合并、取消和口径不一等情况。本书在处理市级及省级的数据时，均受到数据不同程度的制约。要降低重要指标缺失对分析的影响，一般有两种方法：一是用某些易于查询的相对可靠的相近指标进行替代；二是用数理方法进行估算，如插值等。

数理处理方法在一定程度上相当于假设了实际经济运行的趋势，并且在后面的讨论中可以发现，全要素生产率的波动是比较剧烈的，从而在运用像内插值这类依赖前后期数据"斜率"信息的方法时，会把本来应该"颠簸"的原始数据变得"光滑"，进一步改变依赖其计算得到的更为敏感的全要素生产率的走势。所以本书采用第一种补值方法，遵循相似指标在时间序列上走势相近的假设，并按照统计上尽量接近的原则，对满足条件的缺失值做补值处理。数据选取以统计单位的可靠性作为唯一的标准，因此，本书无论是在市级间还是省级间，在行业间还是三产间，其分析的根基——原始数据均出自各省、市的统计年鉴。

2. 六市分析

为描述方便和节省篇幅，本书分别用数字 1～26 表示制造业的二十六个行业，同样地，分别用数字符号①至⑥来表示六个参考城市，具体如表 2 所示。

表 2　城市和行业编号

编号	对　象	编号	对　象
①	北京	5	纺织服装、服饰业
②	佛山	6	皮革、毛皮、羽毛及其制品和制鞋业
③	厦门	7	木材加工和木、竹、藤、棕、草制品业
④	福州	8	家具制造业
⑤	天津	9	造纸和纸制品业
⑥	南昌	10	印刷和记录媒介复制业
1	农副食品加工业	11	文教、工美、体育和娱乐用品制造业
2	食品制造业	12	化学原料和化学制品制造业
3	酒、饮料和精制茶制造业	13	医药制造业
4	纺织业	14	橡胶和塑料制品业

编号	对　象	编号	对　象
15	非金属矿物制品业	21	交通运输设备制造业
16	黑色金属冶炼和压延加工业	22	电气机械和器材制造业
17	有色金属冶炼和压延加工业	23	计算机、通信和其他电子设备制造业
18	金属制品业	24	仪器仪表制造业
19	通用设备制造业	25	电力、热力生产和供应业
20	专用设备制造业	26	水的生产和供应业

　　经过测算，得到二十六个行业在六市表现出的不同生产效率数值，下面仅列出正文处被引用的行业（家具制造业，非金属矿物制品业，黑色金属冶炼和压延加工业，专用设备制造业，交通运输设备制造业，电气机械和器材制造业，计算机、通信和其他电子设备制造业，仪器仪表制造业，这些行业从结果上看均在全要素生产率或其分解效率上表现不佳），用列表的形式来分年份、分效率地罗列出具体数值，并在对应的表下分别给出描述分析。其中，以下表和描述分析中所提及的效率均表示效率的增长速度，如全要素生产率表示的是全要素生产率的增长率，而在全要素生产率栏目的佛山分栏目下，凡经过加粗和下划线标明的数值，均表明佛山在该年份的全要素生产率的增长率在六市间是处于最低的。

　　如表3所示，2010—2012年，家具制造业的规模效率和技术进步效率这两个方面共同导致了2010年度和2012年度两个年度的最低值，其中在首年度仅有0.538的规模效率值是导致出现最低值的主要原因，而持续下降的技术进步效率也没有起到挽救作用。反观它们在城市间的平均值，情况大致如此。到2013年度，除在整个观测时间段内都保持1的纯技术效率，技术进步效率和规模效率都发生了良性的突变，该行业也在该年度获得最优的全要素生产率，而下一年度却又发生突变，但这次是非良性的。其中的原因并不能从现有的数据中得到再多的启示，需要进一步详细分析。

表3　家具制造业

行业	年份	技术进步效率		纯技术效率		规模效率		全要素生产率		
		平均	佛山	平均	佛山	平均	佛山	平均	佛山	最高
8	2010	1.690	1.650	1.151	1.000	0.615	0.538	1.196	**0.887**	1.760⑥
	2011	1.341	1.435	0.908	1.000	0.988	0.942	1.203	1.351	1.351①
	2012	0.869	0.935	1.138	1.000	1.023	0.873	1.012	**0.817**	1.191③
	2013	1.004	1.007	0.983	1.000	1.132	1.388	1.117	1.398	1.398②
	2014	0.961	0.913	0.990	1.000	1.064	1.128	1.012	1.030	1.110③

如表4所示，在整个观测时间段，非金属矿物制品业的纯技术效率均保持1，也就是全要素生产率主要由技术进步效率和规模效率提供贡献。可发现技术进步效率和规模效率的走势都呈现抛物线状，并且是相反的，技术进步效率和规模效率在2012年度分别达到最大值和最小值。这说明该行业可能经历了两个转变：转变一是规模导向转向技术导向；转变二是技术导向转向规模导向。在第一种转变中，虽经历了在2011年度全要素生产率达到最小值的阵痛，但在2012年度全要素生产率为0.952，低于2014年度的0.995，这也许表明坚持规模导向对该行业的发展更有利。

表4　非金属矿物制品业

行业	年份	技术进步效率		纯技术效率		规模效率		全要素生产率		
		平均	佛山	平均	佛山	平均	佛山	平均	佛山	最高
15	2010	1.003	0.941	1.048	1.000	1.054	1.202	1.108	1.130	1.207①
	2011	1.008	0.961	1.124	1.000	1.024	1.072	1.160	**1.030**	1.313①
	2012	1.152	1.199	0.889	1.000	0.925	0.794	0.946	0.952	1.119⑥
	2013	1.135	1.108	1.049	1.000	0.987	1.113	1.175	1.233	1.305③
	2014	0.900	0.860	1.033	1.000	1.135	1.157	1.055	0.995	1.161⑤

如表5所示，2010—2012年度，黑色金属冶炼和压延加工业的全要素生产率经历了大起大落，从最低值一跃攀升至最大值，而后又跌至最低值，鉴于历年间都表现良好的技术进步效率和纯技术效率，这主要是由规模效率导

致的。说明该行业具有相对成熟的技术及管理制度，尽管2014年度的表现着实令人担忧，但主要应注意在规模扩充上带来的更不稳定的波动。

表5　黑色金属冶炼和压延加工业

行业	年份	技术进步效率		纯技术效率		规模效率		全要素生产率		
		平均	佛山	平均	佛山	平均	佛山	平均	佛山	最高
16	2010	1.179	1.141	1.136	1.000	0.906	0.759	1.213	**0.866**	1.634①
	2011	1.038	0.985	0.874	1.000	1.132	1.312	1.028	1.292	1.292②
	2012	0.937	1.021	1.134	0.946	0.915	0.771	0.973	**0.745**	1.359①
	2013	1.509	1.538	0.977	1.057	0.787	0.800	1.161	1.301	1.715③
	2014	0.891	0.885	0.928	0.842	1.226	1.356	1.013	1.009	1.202⑤

如表6所示，在整个观测时间段，专用设备制造业的纯技术效率均保持1，也就是全要素生产率主要由技术进步效率和规模效率提供贡献。又因为规模效率在观测时段内在1附近小幅波动，因此进一步知道全要素生产率主要由技术进步效率影响。首年，由于技术进步效率的低下，导致全要素生产率达到最小值，而在2012年度再次下跌至0.816，处于下游，与当年表现最好的南昌市相差近两倍。说明该行业已经进入由技术导向的关键发展时期，而另外两个方面的进展相对平稳，把更多的精力放在技术研发上，减少技术进步效率变动所引起的全要素生产率不良波动，对该行业的发展或许更好。

表6　专用设备制造业

行业	年份	技术进步效率		纯技术效率		规模效率		全要素生产率		
		平均	佛山	平均	佛山	平均	佛山	平均	佛山	最高
20	2010	1.043	0.897	1.031	1.000	1.006	0.945	1.082	**0.847**	1.297③
	2011	1.200	1.175	0.989	1.000	0.993	1.058	1.178	1.243	1.307⑤
	2012	0.842	0.816	1.082	1.000	1.077	1.000	0.981	0.816	1.518⑥
	2013	1.125	1.123	0.929	1.000	1.053	1.000	1.101	1.123	1.362①
	2014	1.014	1.051	1.009	1.000	1.009	1.000	1.032	1.051	1.233③

如表 7 所示，2010 年度，尽管交通运输设备制造业的技术进步效率和规模效率表现不俗，但在纯技术效率上表现低下，使得该年度总体表现的全要素生产率达到最小值。这在接下来的历年中，纯技术效率不再出现这种情况，而是一直保持较高的水平，维持在 1 以上，规模效率也表现稳定，技术进步效率虽在 2012 年度出现了回落，但很快就恢复到 1 以上。说明该行业在技术和规模两方面的发展步伐相当稳定，另外 2010—2011 年度的管理制度调整得到了很好的效果并且保留了下来。

表 7　交通运输设备制造业

行业	年份	技术进步效率		纯技术效率		规模效率		全要素生产率		
		平均	佛山	平均	佛山	平均	佛山	平均	佛山	最高
21	2010	1.169	1.185	0.981	0.649	1.033	1.041	1.185	**0.801**	1.620⑥
	2011	1.132	1.130	0.887	1.015	1.020	0.985	1.023	1.129	1.424③
	2012	0.887	0.881	1.063	1.186	1.035	1.008	0.976	1.053	1.053②
	2013	1.027	0.999	1.025	1.008	1.003	1.003	1.056	1.010	1.161①
	2014	1.010	1.016	1.024	1.022	0.990	1.005	1.024	1.043	1.115④

如表 8 所示，在整个观测时间段，电气机械和器材制造业的纯技术效率均保持 1，也就是全要素生产率主要由技术进步效率和规模效率提供贡献。从趋势上看，技术进步效率呈现出一个波动上升的走势，可估计 2015 年度的技术进步效率应会大于 1.126；规模效率呈现出抛物线状的走势，并在 2011 年出现考察时段内的最小值 0.752，这也是造成 2011 年度全要素生产率最小值的主要原因。2012—2014 年度，受益于技术进步效率和规模效率在总体上的上扬，全要素生产率稳步回升。说明该行业在 2011 年度左右进行了规模上的调整，同时其在技术研发方面上的探索，使得未来发展态势良好。

表8　电气机械和器材制造业

行业	年份	技术进步效率		纯技术效率		规模效率		全要素生产率		
		平均	佛山	平均	佛山	平均	佛山	平均	佛山	最高
22	2010	1.047	1.038	0.978	1.000	1.069	1.006	1.095	1.044	1.259⑥
	2011	1.142	1.131	0.992	1.000	0.938	0.752	1.064	**0.851**	1.167⑤
	2012	0.974	1.014	1.000	1.000	0.994	0.954	0.968	0.967	1.048⑤
	2013	1.117	1.126	0.983	1.000	1.016	0.984	1.117	1.108	1.211⑤
	2014	1.086	1.071	1.005	1.000	1.003	1.059	1.095	1.134	1.162⑤

　　如表9所示，2010—2014年度，计算机、通信和其他电子设备制造业的全要素生产率取得三个最值，分别是2010年度和2013年度的最小值及2011年度的最大值。第一个最值主要是由于纯技术效率低下也就是管理制度上的欠缺造成的；第二个最值主要是由于纯技术效率也就是管理制度上的改善转变的，说明该行业吸取了以往管理不善的教训；第三个最值主要也是由于纯技术效率低下也就是管理制度上的欠缺造成的。说明该行业对管理制度的依赖较大，往往主导当年的全要素生产率，其他两个方面都较为平稳。

表9　计算机、通信和其他电子设备制造业

行业	年份	技术进步效率		纯技术效率		规模效率		全要素生产率		
		平均	佛山	平均	佛山	平均	佛山	平均	佛山	最高
23	2010	1.145	1.159	0.981	0.785	0.959	1.003	1.077	**0.913**	1.329④
	2011	0.916	0.946	1.028	1.255	1.121	1.003	1.056	1.190	1.190②
	2012	1.031	1.059	0.990	1.043	0.930	0.954	0.949	1.054	1.077⑤
	2013	1.133	1.138	0.942	0.836	0.997	0.990	1.064	**0.942**	1.178⑤
	2014	1.061	1.027	1.008	1.045	1.020	1.040	1.090	1.117	1.151①

　　如表10所示，在整个观测时间段，仪器仪表制造业的技术进步效率一直在下降，最终在2014年度跌至0.9以下；纯技术效率在2011年度和2012年度经过一番调整后，回到1以上小幅度浮动；规模效率变化不大，大体同样在1上下小幅度浮动。在纯技术效率调整期之中的2012年度，全要素生产

率达到最小值,不难发现这主要就是由于纯技术效率的最小值引起的。说明管理制度的改善对该行业的发展举足轻重,营造一个良好的管理氛围和制定合理的制度,是全要素生产率增长的关键,如 2013 年全要素生产率的最大值。

表 10　仪器仪表制造业

行业	年份	技术进步效率		纯技术效率		规模效率		全要素生产率		
		平均	佛山	平均	佛山	平均	佛山	平均	佛山	最高
24	2010	1.103	1.243	1.092	1.057	1.033	1.182	1.244	1.552	2.363③
	2011	0.957	0.953	0.963	0.893	0.875	0.965	0.806	0.821	1.206①
	2012	0.963	0.982	0.933	0.635	1.046	1.005	0.940	**0.627**	1.334⑥
	2013	1.007	0.904	1.087	1.451	0.981	0.981	1.074	1.288	1.288②
	2014	0.924	0.892	1.026	1.056	1.027	0.984	0.973	0.927	1.107⑥

总体来说,在全要素生产率的最小值方面,除木材加工和木、竹、藤、棕、草制品业(7)及通用设备制造业(19)没有在 2010—2014 年间的任何一年表现出最差的全要素生产率,其余的行业都各有差别地在某些年份表现出六市间最差的全要素生产率;另外,除了木材加工和木、竹、藤、棕、草制品业(7),文教、工美、体育和娱乐用品制造业(11),非金属矿物制品业(15),通用设备制造业(19),专用设备制造业(20),电气机械和器材制造业和电力(22),电力、热力生产和供应业(25),其余的行业都曾在全要素生产率上表现出最大值。

下面从走势方面分析。可发现除了行业食品制造业(2),文教、工美、体育和娱乐用品制造业(11),交通运输设备制造业(21),电气机械和器材制造业(22)及计算机、通信和其他电子设备制造业(23),其余各个行业从 2013 年度至 2014 年度均呈现下降趋势。从波动的剧烈程度看,比较各行业历年来全要素生产率的方差,发现方差大于 0.05 的行业有农副食品加工业(1),酒、饮料和精制茶制造业(3),纺织业(4),纺织服装、服饰业(5),皮革、毛皮、羽毛及其制品和制鞋业(6),家具制造业(8),造纸和纸制品业(9),印刷和记录媒介复制业(10),文教、工美、体育和娱乐用品制造业

（11），医药制造业（13），橡胶和塑料制品业（14），黑色金属冶炼和压延加工业（16）及仪器仪表制造业（24），这些行业在考察时段内表现出剧烈的震荡，且巨幅上扬下挫的年份基本发生在 2011 年前后（除了文教、工美、体育和娱乐用品制造业（11）的波峰在 2012 年度），其中，家具制造业（8）及黑色金属冶炼和压延加工业（16）在 2013 年再次出现了波峰，与 2011 年波峰振幅相当。注意到此处计算的某年度的数据，包括如全要素生产率等值，实际上是指一个过程的统计量，如 2011 年度的全要素生产率，实际上是描述 2010 年年初到 2011 年年初的一个时段的数值。因此，2011 年年初前佛山在制造业上释放了能足以促进产业大规模攀升的红利，如《佛山市汽车及零配件产业发展规划（2010—2015 年）》和《佛山市先进制造业发展"十二五"规划》。

为了从技术进步效率、纯技术效率和规模效率中，找出对全要素生产率具有主导作用的子效率，分别计算各平均子效率对平均总效率——全要素生产率的贡献率。

从表 11 可以看到，除了非金属矿物制品业（15）、通用设备制造业（19）和仪器仪表制造业（24）的全要素生产率主要由规模效率提供，即主要通过扩张行业规模来推动全要素生产率的增长，其余行业的全要素生产率主要由技术进步效率提供，即主要通过提升技术的研发来推动全要素生产率的增长。

表 11　制造业各效率对全要素生产率的贡献

行业	平均							主导效率
	技术进步效率（Ⅰ）	贡献率	纯技术效率（Ⅱ）	贡献率	规模效率（Ⅲ）	贡献率	全要素生产率	
1	1.019 49	1.001 37	0.999 93	0.982 16	0.998 43	0.980 69	1.018 09	Ⅰ
2	1.070 26	1.024 43	1	0.957 18	0.976 15	0.934 35	1.044 74	Ⅰ
3	1.198 27	0.999 37	0.999 94	0.833 96	1.000 60	0.834 51	1.199 03	Ⅰ
4	1.111 86	0.999 87	1	0.899 28	0.999 88	0.899 17	1.112 00	Ⅰ
5	1.081 36	1.007 35	1	0.931 56	0.992 61	0.924 67	1.073 47	Ⅰ
6	1.153 11	0.999 89	1	0.867 13	1.000 03	0.867 15	1.153 23	Ⅰ
7	1.084 13	1.028 00	1	0.948 22	0.972 54	0.922 19	1.054 60	Ⅰ

行业	平均							主导效率
	技术进步效率（Ⅰ）	贡献率	纯技术效率（Ⅱ）	贡献率	规模效率（Ⅲ）	贡献率	全要素生产率	
8	1.152 74	1.076 22	1	0.933 62	0.929 20	0.867 52	1.071 10	Ⅰ
9	1.041 14	0.999 72	1	0.960 22	1.000 10	0.960 32	1.041 43	Ⅰ
10	1.052 12	1	1	0.950 46	1	0.950 46	1.052 12	Ⅰ
11	1.203 34	1	1	0.831 02	1	0.831 02	1.203 34	Ⅰ
12	1.059 48	1.007 15	1	0.950 61	0.993 07	0.944 02	1.051 96	Ⅰ
13	1.099 22	1.000 05	1	0.909 78	0.999 90	0.909 69	1.099 16	Ⅰ
14	1.030 94	1.000 1	1	0.970 09	0.999 87	0.969 97	1.030 83	Ⅰ
15	1.006 55	0.946 6	1	0.940 44	1.056 70	0.993 76	1.063 33	Ⅲ
16	1.093 28	1.073 76	0.966 18	0.948 93	0.964 09	0.946 88	1.018 17	Ⅰ
17	1.037 79	1.018 91	1	0.981 81	0.981 53	0.963 68	1.018 53	Ⅰ
18	1.044 65	1.033 52	1	0.989 35	0.967 63	0.957 32	1.010 77	Ⅰ
19	1.017 69	0.974 61	1	0.957 67	1.026 46	0.983 01	1.044 20	Ⅲ
20	1.003 00	1.000 22	1	0.997 23	0.999 96	0.997 19	1.002 78	Ⅰ
21	1.036 68	1.036 04	0.957 51	0.956 91	1.008 24	1.007 61	1.000 63	Ⅰ
22	1.074 99	1.058 68	1	0.984 82	0.944 61	0.930 27	1.015 41	Ⅰ
23	1.062 96	1.024 06	0.978 64	0.942 83	0.997 62	0.961 11	1.037 99	Ⅰ
24	0.987 28	0.996 65	0.983 12	0.992 45	1.020 46	1.030 14	0.990 60	Ⅲ
25	1.072 28	1.009 28	1	0.941 25	0.990 95	0.932 73	1.062 42	Ⅰ
26	1.066 76	1	1	0.937 42	1	0.937 42	1.066 76	Ⅰ

综上所述，佛山 2009—2014 年度制造业的全要素生产率主要由技术进步效率提供，对比考察时段末尾的 2012—2014 年度，一开始全要素生产率的增长更为迅猛，末尾时段表现出大体下降，并且大多数行业存在动荡下降的趋势，说明佛山制造业的首要任务是落实生产技术研发和引进的发展计划。

附录 B　各省面板数据回归分析

基于 DEA-Malmquist 指数方法，全要素生产率的增长率可分解为技术进步效率、纯技术效率变化和规模效率变化这三个拆分子效率，其回归模型分别如下。

模型 1：

$$
\begin{aligned}
\ln\text{TFP}_{it} = {} & \beta_0 + \beta_1 \cdot H_{it} + \beta_2 \cdot \text{Catch}_{it} + \beta_3 \cdot \text{FDI}_{it} + \beta_4 \cdot \text{open}_{it} \\
& + \beta_5 \cdot \text{gov}_{it} + \beta_6 \cdot \text{infra}_{it} + \beta_7 \cdot \text{inv}_{it} + \beta_8 \cdot \text{labor}_{it} \\
& + \beta_9 \cdot \text{insti}_{it} + \beta_{10} \cdot \text{R\&D}_{it} + \beta_{11} \cdot \text{urb}_{it} + \eta_i + \varepsilon_{it}
\end{aligned}
\tag{1}
$$

模型 2：

$$
\begin{aligned}
\ln\text{TFP}_{it} = {} & \beta_0 + \beta_1 \cdot \text{Pri}_{it} + \beta_2 \cdot \text{Jun}_{it} + \beta_3 \cdot \text{Sen}_{it} + \beta_4 \cdot \text{Hig}_{it} \\
& + \beta_5 \cdot \text{Catch}_{it} + \beta_6 \cdot \text{FDI}_{it} + \beta_7 \cdot \text{open}_{it} + \beta_8 \cdot \text{gov}_{it} \\
& + \beta_9 \cdot \text{infra}_{it} + \beta_{10} \cdot \text{inv}_{it} + \beta_{11} \cdot \text{labor}_{it} + \beta_{12} \cdot \text{insti}_{it} \\
& + \beta_{13} \cdot \text{R\&D}_{it} + \beta_{14} \cdot \text{urb}_{it} + \eta_i + \varepsilon_{it}
\end{aligned}
\tag{2}
$$

模型 3：

$$
\begin{aligned}
\ln\text{TECH}_{it} = {} & \beta_0 + \beta_1 \cdot H_{it} + \beta_2 \cdot \text{Catch}_{it} + \beta_3 \cdot \text{FDI}_{it} + \beta_4 \cdot \text{open}_{it} \\
& + \beta_5 \cdot \text{gov}_{it} + \beta_6 \cdot \text{infra}_{it} + \beta_7 \cdot \text{inv}_{iu} + \beta_8 \cdot \text{labor}_{it} \\
& + \beta_9 \cdot \text{insti}_{it} + \beta_{10} \cdot \text{R\&D}_{it} + \beta_{11} \cdot \text{urb}_{it} + \eta_i + \varepsilon_{it}
\end{aligned}
\tag{3}
$$

模型 4：

$$
\begin{aligned}
\ln\text{TECH}_{it} = {} & \beta_0 + \beta_1 \cdot \text{Pri}_{it} + \beta_2 \cdot \text{Jun}_{it} + \beta_3 \cdot \text{Sen}_{it} + \beta_4 \cdot \text{Hig}_{it} \\
& + \beta_5 \cdot \text{Catch}_{it} + \beta_6 \cdot \text{FDI}_{it} + \beta_7 \cdot \text{open}_{it} + \beta_8 \cdot \text{gov}_{it} \\
& + \beta_9 \cdot \text{infra}_{it} + \beta_{10} \cdot \text{inv}_{it} + \beta_{11} \cdot \text{labor}_{it} + \beta_{12} \cdot \text{insti}_{it} \\
& + \beta_{13} \cdot \text{R\&D}_{it} + \beta_{14} \cdot \text{urb}_{it} + \eta_i + \varepsilon_{it}
\end{aligned}
\tag{4}
$$

模型 5：

$$
\begin{aligned}
\ln\mathrm{PECH}_{it} = {} & \beta_0 + \beta_1 \cdot H_{it} + \beta_2 \cdot \mathrm{Catch}_{it} + \beta_3 \cdot \mathrm{FDI}_{it} + \beta_4 \cdot \mathrm{open}_{it} \\
& + \beta_5 \cdot \mathrm{gov}_{it} + \beta_6 \cdot \mathrm{infra}_{it} + \beta_7 \cdot \mathrm{inv}_{it} + \beta_8 \cdot \mathrm{labor}_{it} \\
& + \beta_9 \cdot \mathrm{insti}_{it} + \beta_{10} \cdot \mathrm{R\,\&\,D}_{it} + \beta_{11} \cdot \mathrm{urb}_{it} + \eta_i + \varepsilon_{it}
\end{aligned}
\tag{5}
$$

模型 6：

$$
\begin{aligned}
\ln\mathrm{PECH}_{it} = {} & \beta_0 + \beta_1 \cdot \mathrm{Pri}_{it} + \beta_2 \cdot \mathrm{Jun}_{it} + \beta_3 \cdot \mathrm{Sen}_{it} + \beta_4 \cdot \mathrm{Hig}_{it} \\
& + \beta_5 \cdot \mathrm{Catch}_{it} + \beta_6 \cdot \mathrm{FDI}_{it} + \beta_7 \cdot \mathrm{open}_{it} + \beta_8 \cdot \mathrm{gov}_{it} \\
& + \beta_9 \cdot \mathrm{infra}_{it} + \beta_{10} \cdot \mathrm{inv}_{it} + \beta_{11} \cdot \mathrm{labor}_{it} + \beta_{12} \cdot \mathrm{insti}_{it} \\
& + \beta_{13} \cdot \mathrm{R\,\&\,D}_{it} + \beta_{14} \cdot \mathrm{urb}_{it} + \eta_i + \varepsilon_{it}
\end{aligned}
\tag{6}
$$

模型 7：

$$
\begin{aligned}
\ln\mathrm{SECH}_{it} = {} & \beta_0 + \beta_1 \cdot H_{it} + \beta_2 \cdot \mathrm{Catch}_{it} + \beta_3 \cdot \mathrm{FDI}_{it} + \beta_4 \cdot \mathrm{open}_{it} \\
& + \beta_5 \cdot \mathrm{gov}_{it} + \beta_6 \cdot \mathrm{infra}_{it} + \beta_7 \cdot \mathrm{inv}_{it} + \beta_8 \cdot \mathrm{labor}_{it} \\
& + \beta_9 \cdot \mathrm{insti}_{it} + \beta_{10} \cdot \mathrm{R\,\&\,D}_{it} + \beta_{11} \cdot \mathrm{urb}_{it} + \eta_i + \varepsilon_{it}
\end{aligned}
\tag{7}
$$

模型 8：

$$
\begin{aligned}
\ln\mathrm{SECH}_{it} = {} & \beta_0 + \beta_1 \cdot \mathrm{Pri}_{it} + \beta_2 \cdot \mathrm{Jun}_{it} + \beta_3 \cdot \mathrm{Sen}_{it} + \beta_4 \cdot \mathrm{Hig}_{it} \\
& + \beta_5 \cdot \mathrm{Catch}_{it} + \beta_6 \cdot \mathrm{FDI}_{it} + \beta_7 \cdot \mathrm{open}_{it} + \beta_8 \cdot \mathrm{gov}_{it} \\
& + \beta_9 \cdot \mathrm{infra}_{it} + \beta_{10} \cdot \mathrm{inv}_{it} + \beta_{11} \cdot \mathrm{labor}_{it} + \beta_{12} \cdot \mathrm{insti}_{it} \\
& + \beta_{13} \cdot \mathrm{R\,\&\,D}_{it} + \beta_{14} \cdot \mathrm{urb}_{it} + \eta_i + \varepsilon_{it}
\end{aligned}
\tag{8}
$$

在上述回归方程中，被解释变量 $\ln\mathrm{TFP}_{it}$，$\ln\mathrm{TECH}_{it}$，$\ln\mathrm{PECH}_{it}$，$\ln\mathrm{SECH}_{it}$ 分别是 2010—2014 年度间第 i 个省市在第 t 年的累积全要素生产率指数、累积技术进步效率指数、累积纯技术效率变化指数和累积规模效率变化指数（均取自然对数）。

解释变量：H 为平均受教育年限，用城镇各学历的人数占比乘以对应的受教育年限来测量（这里认为小学、初中、高中和大专及以上的受教育年限分别为 6 年、9 年、12 年和 16 年），用以对人力资本水平进行测度；Pri 为城镇小学学历的人口占比；Jun 为城镇初中学历的人口占比；Sen 为城镇高中学历的人口占比；Hig 为城镇大专及以上学历的人口占比；Catch 为追赶项，用来衡量两个地区之间的技术追赶速度，这里用 $H(Y_{\max} - Y_i)\,/\,Y_i$ 来衡量，其中，Y_{max} 为收入最高的城市，这里以北京市的人均年收入作为代表，Y_i 为追赶前者即第 i 个省市的人均年收入；FDI 为实际利用外商投资水平，用实际利用外商总额与 GDP 的比率来衡量；open 为贸易开放程度，用进出口总额与 GDP 的比率来衡量；gov 为政府支出水平，用政府财政支出与 GDP 的比率来衡量；infra 为基础设施的建设程度，用公路里程数与省份面积的比率来衡量；inv 为投资率水平，用资本形成总额与 GDP 的比率来度量；labor 为劳动增长率，用城镇从业人员增长率来衡量；insti 为制度变迁，用 1 减去国有工业总产值与工业总产值的比率所得到的差来衡量；R&D 为规模以上企业研究与试验发展水平，用规模以上工业企业 R&D 经费与 GDP 的比率来衡量；urb 代表城镇化的程度，用城镇人口与常住人口的比率来衡量。

各因素变量回归系数预期的正负号如下。

H:+; Pri:+ or −; Jun:+ or −; Sen:+ or −; Hig:+ ; Catch:+ ; FDI:+ or−; open:+ ; gov:+; infra:+; inv:+ or −; labor:+ or −; insti:+; R&D:+; urb:+。

在本书中，我们使用 2010—2014 年度二十九个省及佛山的面板数据。需要说明的是，由于广东省已经囊括了佛山的经济数据，为了避免重复统计，将从广东省每个指标值中扣除佛山所占部分，把所得余值作为广东省（已扣除佛山经济部分）面板数据进行回归。另外需要说明的是，由于统计资料的限制，西藏自治区、中国台湾地区、中国香港特别行政区与中国澳门特别行政区没有收纳在样本之内，并且在计算全要素生产率的增长率时，四川省和重庆市的资本存量在统计资料中是合并计算的（以 1952 年为基期）。除非特别说明，本研究数据均来自《中国统计年鉴》《中国工业统计年鉴》《中国城市统计年鉴》及各省市在考察年份间的《统计年鉴》和相关经济运行的统计局公报。对于其中由于缺失与统计口径不一致所导致的数据不可用情况，一律采用几何平均法来补全。

全国样本回归结果如下。

表 12 报告了全国样本的回归结果，Hausman 检验支持在对 lnTFP、lnPECH 和 lnSECH 的回归中使用随机效应模型，在对 lnTECH 的回归中使用固定效应模型。

表 12　各效率模型回归结果

解释变量	lnTFP		lnTECH		lnPECH		lnSECH	
模型	(1) re	(2) re	(3) fe	(4) fe	(5) re	(6) re	(7) re	(8) re
H	0.101 *** (0.019 3)	—	−0.002 63 (0.032 0)	—	0.018 3 (0.011 6)	—	0.035 7 (0.030 1)	—
Pri	—	1.560 ** (0.665)	—	0.423 (0.867)	—	0.234 (0.445)	—	0.614 (0.845)
Jun	—	1.565 *** (0.576)	—	0.207 (0.821)	—	0.184 (0.399)	—	0.649 (0.744)
Sen	—	1.896 *** (0.713)	—	0.405 (0.837)	—	0.375 (0.399)	—	0.686 (0.634)
Hig	—	2.267 *** (0.557)	—	0.188 (0.866)	—	0.334 (0.384)	—	0.844 (0.745)
Catch	0.005 70 (0.007 33)	0.004 21 (0.009 36)	0.002 17 (0.008 50)	0.001 74 (0.008 88)	0.002 66 (0.007 74)	0.002 52 (0.008 80)	0.005 33 (0.004 14)	0.003 88 (0.004 83)
FDI	−1.647* (0.869)	−1.617* (0.862)	2.068 (1.444)	2.030 (1.475)	−0.661 (0.437)	−0.644 (0.447)	−0.538 (0.427)	−0.617 (0.455)
open	−0.091 9 * (0.048 9)	−0.104** (0.052 4)	−0.313*** (0.085 7)	−0.330*** (0.096 1)	−0.027 2 (0.041 6)	−0.027 6 (0.041 3)	−0.019 4 (0.034 1)	−0.026 7 (0.035 5)

续表

解释变量	lnTFP		lnTECH		lnPECH		lnSECH	
模型	(1) re	(2) re	(3) fe	(4) fe	(5) re	(6) re	(7) re	(8) re
gov	**0.602** *** (0.174)	**0.671** *** (0.190)	**1.191** *** (0.401)	**1.204** *** (0.379)	0.274 (0.179)	0.265 (0.170)	**0.247** ** (0.111)	**0.284** * (0.155)
infra	−0.035 4 (0.040 6)	−0.016 9 (0.045 7)	**−0.392** ** (0.183)	**−0.400** ** (0.179)	0.046 3 (0.057 6)	0.047 5 (0.057 0)	−0.016 8 (0.033 3)	−0.008 56 (0.035 1)
inv	−0.067 2 (0.077 1)	−0.064 5 (0.077 9)	−0.004 93 (0.075 2)	0.002 98 (0.078 5)	**−0.072 4** * (0.040 2)	**−0.070 3** * (0.042 6)	−0.062 9 (0.044 6)	−0.062 7 (0.045 5)
labor	0.045 1 (0.037 5)	0.029 6 (0.036 6)	0.023 3 (0.021 4)	0.018 4 (0.026 1)	−0.000 743 (0.020 4)	−0.001 51 (0.019 0)	0.027 4 (0.019 7)	0.020 2 (0.018 0)
insti	0.023 0 (0.230)	0.011 1 (0.230)	−0.183 (0.133)	−0.162 (0.154)	−0.017 4 (0.114)	−0.018 9 (0.118)	0.184 (0.114)	0.180 (0.112)
R&D	**1 266** *** (329.0)	**1 251** *** (344.1)	**712.4** ** (332.1)	**673.8** * (360.7)	−202.9 (240.5)	−215.8 (240.4)	**601.3** ** (290.7)	**594.6** ** (300.0)
urb	−0.055 6 (0.161)	−0.019 2 (0.182)	0.898 (0.546)	0.861 (0.582)	−0.000 915 (0.093 8)	−0.000 535 (0.090 0)	−0.190** (0.075 5)	−0.175** (0.073 5)
Constant	−0.888*** (0.329)	−1.621*** (0.598)	−0.156 (0.246)	−0.448 (0.693)	−0.172 (0.194)	−0.240 (0.360)	−0.408*** (0.128)	−0.740 (0.727)
Hausman检验-P值	0.085 8	0.328 7	0.001 0	0.001 0	0.306 2	0.260 2	0.156 5	0.228 2

说明：括号内为标准差，*、**、***分别代表估计系数通过 10%、5%、1%显著水平检验，Hausman 检验的 P 值用于判断估计模型应选取固定效应（fe）还是随机效应（re），效应旁边的数字表示所选取的模型。

从模型 1 的回归结果可以看到，平均受教育年限对全要素生产率的增长率表现为显著的正向作用。具体而言，在其他条件不变的情况下，人力资本水平中人均受教育年限每增加 1 年，将带动我国绝大部分地区全要素生产率上升 0.101 百分点。说明人力资本是解释各地包括佛山全要素生产率的增长率的重要因素。但其在对技术进步效率、纯技术效率变化和规模效率变化的回归系数的正负号并不一致，这可能是由人力资本水平的异质性所导致的。

进一步考虑人力资本的异质性，从回归结果看，如果不将各学历的人均占比综合为平均受教育年限，而是分别作为回归的变量，无论是小学教育、初中教育、高中教育还是大专及以上教育，它们对各效率都产生正向作用，尤其对全要素生产率的增长率是显著的正向作用。

在模型 1 中，小学教育的人力资本回归系数为 1.56，达到 5%显著水平，表明提高小学教育的人口占比有助于促进全要素生产率的提升。而这和以往大多数的研究结果——小学教育程度的人群不具备提高全要素生产率的能力不一致，可能原因是当前义务教育的推行取得了一定的成功，国民生活水平得到了提高，使得更多人有能力、有意愿接受教育。因此提高对小学教育的重视程度，为日后接受初、高中和高等教育来进一步培养出优秀尖端的人才起到很好的潜在效应。在模型 1 中，初中教育、高中教育和大专及以上教育，其显著性达到更高的 1%水平，而大专及以上教育的回归系数将近是前面各教育的回归系数的两倍，也就是说高等教育人口占比每上升 1 百分点，将带动全要素生产率的增长率提高 2.267 百分点。总的来说，不同教育水平人力资本对生产率的增长都表现积极，程度也各不相同，其中大专及以上教育的受教育人群对全要素生产率的贡献尤为突出，这也就进一步说明了在考虑人力资本水平时，应该兼备考虑其异质性。同时，从小学教育程度的显著性表现可以知道，我国的基础教育具有很好的延伸性，即已经接受基础教育的人群往往会继续接受更高等的教育，进而转化成高素质的人才。

尽管技术追赶项不显著，但是其在所有模型下的回归系数都为正数，这在一定程度上表明经济较不发达地区比经济发达地区具有更快的生产率增长速度，即说明我国的经济发展在考察期内不仅不存在"马太效应"，反而具有一定的后发优势。这可能是由于近几年来，互联网技术及衍生技术得到了飞速的发展，经济发达地区对经济不发达地区的技术溢出更为显著，同时也说明地区之间技术进步的差距较大，较不发达地区可以选择追赶的技术体量较大。

外商直接投资方面，对全要素生产率的增长率、纯技术效率变化和规模效率变化的回归认为其加剧了行业内的竞争，从而导致内资企业的效益下降，尤其是对全要素生产率的增长率的负向作用是显著的，可以在一定程度上得出外商直接投资在近年来通过竞争效应挤占了受方一定的市场份额的结论，这跟对外开放程度的影响作用是类似的。但是对技术进步效率的回归表明，外商直接投资对我国绝大部分地区起到了示范效应、产业关联效应及人员培训效应等积极影响。总的来说，虽然外商直接投资对包括企业规模、管理和要素投入等方面有负面影响，但在技术进步方面却起到了积极作用。外资企业凭借其在技术进步、要素配置和企业管理等方面的优势，对我国绝大部分区域的市场产生了一定的挤出效应，造成内资企业生产萎缩、人才流失，但同时其带来了示范效应、产业关联效应及人员培训效应，可让一部分优秀的内资企业学习和利用，提高了技术进步的效率。

佛山是否存在上述现象，是否有挤出效应的存在，和海外的合作交流如何，从各模型来看，贸易开放程度对各效率产生了负面的影响，尤其是在全要素生产率的增长率和技术进步效率上均呈现出显著的负向作用，这很可能是由于近几年来，作为技术溢出的受方——我国绝大部分地区，包括佛山，并没有具备相应的技术吸收能力，使得这种溢出效应很可能表现为对受方企业的挤出效应，进而阻碍其全要素生产率的提升速度。

财政支出水平方面，除在规模效率方面的正向作用不显著之外，其余各模型的回归结果均表明其对各效率的增长率起到积极作用。从经济学上说，财政支出分财政投资与财政补贴两个方面。财政投资的主要方向是各种新兴工业部门、基础工业部门与基础设施等，以促进产业结构的更新换代或消除经济发展的瓶颈制约。财政补贴主要包括价格补贴、投资补贴、利息补贴与生活补贴等，它具有与税收调节方向相反的调节作用，即增加补贴可以刺激生产与需求，而减少补贴则可以起到抑制生产与需求的作用。本书认为，现阶段的财政支出更着重于宏观调控，是为了促进经济的结构优化，引导经济持续、迅速、健康发展，推动社会全面进步而采取的一种措施。该措施避免了自由市场下的盲目性，使得在当今金融全球化下的国内市场及其中的各行业，尤其是新兴的创新行业更具抗压能力，让更多的资金流向更具有发展潜力的行业。

基础设施方面，对全要素生产率的增长率、技术进步效率和规模效率回归认为其对各自的效率起到了负向作用。但对纯技术效率的回归表明，其起到了正向作用。在现阶段，基础设施的建设对纯技术效率的促进作用很小，还不足以为提高技术进步效率和规模效率提供有力支撑。因为我国绝大部分地区基础设施发展相对滞后，使得可供技术进步利用的基础设施偏少和稀缺，最终导致其在对全要素生产率的增长率的贡献上出现负值。

投资率水平方面，各模型回归结果几乎均表明其对各效率的增长率起到负面作用，尤其在对纯技术效率的负向作用是显著的。这说明我国绝大部分地区的大规模固定资本投资，并没有像预期一样促进生产效率的快速提升，尤其没有对市场经济体的管理制度和企业的内部管理起到积极作用。

从各个模型看来，劳动力增长率的表现并不显著，除了在纯技术效率回归模型中表现为负向作用，其余回归模型中均呈现正向作用。这是因为该指标只对劳动力投入规模的变化进行了衡量，并没有反映劳动力群体在我国大范围内的结构变迁。一些研究指出，劳动力深化是中国全要素生产率增长的主要力量。这说明忽略结构变迁和劳动力深化的劳动力增长率指标，并不能完全反映出劳动力作用机制，同时也说明简单劳动力的投入，无论对投入速度进行怎样的提高，都不能给生产率的高速增长带来更多或者明显的益处。

在制度变迁方面，各模型回归系数并不显著，并且各效率下回归系数的正负号并不一致，但对全要素生产率增长率回归系数表现为正。这表明我国经济正处于转型时期，而这里度量的就是国有经济和非国有经济之间的转化，系数的正负不一致反映出考察时段内制度变迁正处于关键时期。进一步地讲，这种制度变迁，国有和非国有经济的转化，可以说是简政放权的变革，并且从以上所述可以知道，其正处于关键的改革阶段，政府应该谨慎进行。

从各模型对 R&D 的回归可以看出，除了纯技术效率方面的回归系数外，其余均为正数且表现显著，这表明在全要素生产率的增长率、技术进步效率和规模效率三个方面，R&D 都起到了非常积极的作用，表明中国绝大部分地区，包括佛山，鼓励规模以上企业增加科研投入，大力推动对新兴技术的研发和产品化，是提高生产效率的重要途径。因此，为了提高生产效率，一方面需要加大 R&D 投入；另一方面需要在新技术、新产品和新市场体系下，更新企业的管理模式及进行对员工的新技术培训。

　　在城市化方面的回归结果中，发现其对技术进步效率存在正向作用，说明城市聚集优秀人才与各种便利资源，以及近年来建设的"孵化器"对培养和催生技术进步起到了积极作用。但是城市化对其余的效率并没有产生积极的作用，高度的城市化程度，使得劳动力大量迁移到城市中从事低体力的工作，对某些仍旧依靠密集劳动力产生红利的企业产生了巨大的压力。因为佛山主要是制造业，需要较多的劳动力。总的来说，城市化对技术进步效率有积极作用，所以需要对技术落后的企业进行指导，使得其转型为以技术为核心竞争力的新型企业，这样才能进一步提升全要素生产率的增长率。

附　篇
佛山智慧城市进展研究

引　言

随着新一代信息技术日趋成熟，全球信息化进入全面渗透、跨界融合、加速创新、引领发展的新时期，中国智慧城市发展也正步入新时代。建设新型智慧城市是贯彻落实新理念的重要实践，是以信息化引领城市发展转型的难得机遇，全面推进新一代信息技术与城市发展融合创新，是实现可持续发展的新路径、新模式、新形态。2016 年习近平总书记在全国网信工作会议上首次提出了新型智慧城市的概念，提出建设真正以人民为中心，实现民生服务便捷、社会治理精准、社会经济绿色、城乡发展一体、网络安全可控的智慧城市。国务院印发的《"十三五"国家信息化规划》明确指出"到 2018 年，分级分类建设 100 个新型示范型智慧城市"。

近年来，国内各地政府抢抓机遇，围绕智慧城市整体建设及其细分领域释放政策红利，经过数年的学习、借鉴、探索、沉淀和创新后，一批国内领先的智慧城市示范标兵相继涌现，均在智慧城市不少细分领域取得骄人成绩，如深圳市大力实施信息惠民工程，布局医疗大数据，践行"互联网+"模式；上海市着眼新兴高端，加快新一代信息技术产业发展；杭州市发展"感知、智能、安全、完善"的"智慧城管"体系；佛山市推动"互联网+"与政务、教育、卫生的深度融合等。

自 2010 年佛山市全面推进"智慧佛山"建设以来，智慧佛山建设基本覆盖智慧城市各细分领域，其中在智慧交通、智慧政务、智慧环保、智慧医疗和智慧社区等领域均取得阶段性成果，在国内形成较好的示范效应。2012年、2013 年、2015 年及 2016 年的《中国智慧城市发展水平评估报告》显示，佛山市在这四届中国智慧城市发展水平评估中均闯入前 10 强，并在 2016 年荣获中国全面小康特别贡献城市奖项及中欧绿色和智慧城市奖中的技术创新奖，说明智慧城市创建成果受到广泛的认可和肯定。

本书使用的术语及其定义或解释如表 13 所示。

表 13　术语及其定义或解释

序号	术　　语	定义/解释
1	一门式一网式	指一种政府服务模式，"一门式"就是要在基层把行政审批事项和公共服务事项整合到一个"门"来办理，实现一窗通办、一次办结；"一网式"就是将行政审批事项和公共服务事项整合到一张"网"来办理
2	三通两平台	"三通"指宽带网络校校通、优质资源班班通、网络学习空间人人通，"两平台"指教育资源公共服务平台、教育管理公共服务平台
3	科技创新小镇群	"科技创新小镇群"即"科创小镇群"，科创小镇的发展愿景是建设科技创新企业集聚的小镇、大众创业优选的小镇、创投资本云集的小镇、商务休闲生态的小镇，成为科技、人文、生态"三生"融合的中国历史文化名镇和中国科技创业新镇
4	三库四平台	"三库"指政策资源库、企业资源库与专家库，"四平台"指佛山中小企业云服务平台、政企通 APP、佛山企业专属网页、佛山市"12345"暖企服务平台
5	"4+N"特色小镇	其中的"4"是指禅城区的特色小镇主要有 4 类主题：依托佛山古镇核心区和岭南文化重要发源地的优势，主攻文创、旅游产业的岭南文化主题；植根于扎实的产业基础，主攻制造业转型升级和产业链强化聚合的工匠精神主题；以智能制造、信息化为特色，主攻生产性服务业和大数据产业的新经济主题；以"创客之城"为旗舰，依托祖庙青创社区和中国青创板项目落地示范区的创新创业主题。"+N"是指在围绕 4 类主题特色小镇的发展基础上，拓展延伸出更多主题类型的特色小镇
6	粤港澳大湾区	"粤港澳大湾区"城市群也称为珠三角湾区城市群，指的是由广州、深圳、珠海、佛山、惠州、东莞、中山、江门、肇庆 9 市和香港、澳门两个特别行政区形成的城市群
7	Pearson 系数	一种用以衡量定距变量间线性关系的相关系数

缩略语及其原始术语如表 14 所示。

表 14　缩略语及其原始术语

序号	缩略语	原始术语（部分内容附解释）
1	AP	无线访问接入点（Wireless Access Point）
2	WLAN	无线局域网络（Wireless Local Area Networks）
3	APP	应用程序（Application），一般指安装在智能手机上的客户端软件
4	PM2.5	悬浮颗粒或称颗粒物（Particulate Matter），其中，空气动力学直径小于或等于 2.5 微米的颗粒物称为细颗粒物（PM2.5）。细颗粒物能够在大气中停留很长时间，并可随呼吸进入体内，积累在气管或肺中，影响身体健康

续表

序号	缩略语	原始术语（部分内容附解释）
5	PPP	公共私营合作制（Public-Private-Partnership），即政府和社会资本合作，是公共基础设施中的一种项目运作模式。在该模式下，鼓励私营企业、民营资本与政府进行合作，参与公共基础设施的建设
6	PON	无源光纤网络（Passive Optical Network）
7	IPv6	互联网协议第 6 版（Internet Protocol Version 6）
8	GIS	地理信息系统（Geographic Information System），结合地理学与地图学，已经广泛应用在不同的领域，是用于输入、存储、查询、分析和显示地理数据的计算机系统
9	RFID	射频识别（Radio Frequency Identification），是一种无线通信技术，可以通过无线电信号识别特定目标并读写相关数据，而无须识别系统与特定目标之间建立机械或者光学接触

一、新型智慧城市的核心理念与推进策略

（一）新型智慧城市的含义和特征

围绕党的创新、协调、绿色、开放、共享的新发展理念，较之于传统智慧城市，新型智慧城市的含义可从以下六方面诠释。

新目标：以城乡一体、人与自然一体的"绿色协调"发展为新型智慧城市的长远目标。新型智慧城市强调短期目标和长期目标的和谐统一，并提出近期目标重点是聚焦于公共服务和社会治理两大方面。

新思路：以"创新一体化机制"为推进新型智慧城市建设的基本思路。新型智慧城市需要在技术创新、新技术应用、项目模式创新等方面统一考虑。

新内涵：以人民为中心作为新型智慧城市建设的基本内涵。新型智慧城市需要立足于广大民众的期待和真实需求，通过加快信息化服务普及和降低应用成本，提升人民在智慧城市建设方面的认知感和获得感。

新原则：以信息数据等社会资源"开放共享"为基本原则。新型智慧城市建设需要以数据集中和共享为途径，加快推进技术融合、业务融合、数据融合，实现跨层级、跨地域、跨系统、跨部门、跨业务的协同管理和服务。

新方法：以"分级分类"推进新型智慧城市建设为基本方法。在新型智慧城市建设过程中，需要进一步理清国家、省、市、县各级政府在智慧城市建设中的角色和职责。

新要求："安全可控"是新型智慧城市建设的新要求。网络安全和信息化相辅相成，安全是发展的前提，发展是安全的保障，安全和发展要同步推进。

总体而言，新型智慧城市是以为民服务全程全时、城市治理高效有序、数据开放共融共享、社会经济绿色化、城乡发展一体化、网络安全可控化为基本目标，以创新体制机制和数据资源开放共享为基本思路与原则，以分级分类推进和安全可控为基本方法和要求，推进新一代信息技术与城市现代化深度融合、迭代演进，实现人与社会、人与自然的可持续协调发展新的城市高级形态。

从新型智慧城市的定义可以看出，其着重强调在传统智慧城市建设时期被忽视或轻视的"技术"与"人"的互动问题和"信息化"与"城市整体"的协调问题，消除单独系统、零散平台、协调不畅导致的"信息烟囱"和"数据孤岛"问题，打造具备"开放、共建、共享，服务均等化、便捷化，城市特色化"内核的新型智慧城市。

（二）新型智慧城市的核心价值导向

时至今日，我国智慧城市建设已历经 9 年时间，虽然在提升管理服务水平、促进城市转型升级与创新创业等方面取得了许多成绩，但推进速度缓慢、效果不明显、价值不突出也是不争的事实。一直以来，智慧城市建设到底能带来哪些价值是城市最高决策者关心的重点，也是智慧城市众多建设参与者极力向市长游说的理由，更是能否促使市长下决心建设智慧城市的关键。然而，随着新型智慧城市试点示范工作的全面展开，在推动模式优化调整、资源整合、聚焦民生的新阶段，针对智慧城市价值的认识和研究仍是一个重要课题。为了帮助各地市决策者真正看清楚智慧城市建设带来的直接效益与潜在价值，更为了帮助企业认清趋势、创新开发有价值的业务体系，通过多年来在智慧城市领域的研究思考与经验总结，我们认为新型智慧城市建设带来的核心价值包括以下几个方面。

1. 促进城市系统蜕变，抢抓数字红利

当前，随着信息技术开发应用广度和深度的不断加强，现代社会的生产生活方式已发生重大变化，感知化、网络化、数字化、智能化成为基本特征。城市作为推动经济社会发展的重要载体，其首先受到的冲击和影响也将更深刻，尤其通过新型智慧城市的快速推进建设，逐步实现了城市基础设施的感知化和智能化改造，重构以信息流为核心的城市系统，推动社会治理模式协同化发展，构建了互联网化的公共服务体系，使城市深度感知、互联互通、智能改造、模式创新成为常态，促进了整个城市基因和机体的蜕变，以适应信息社会的发展趋势。

时势不可逆，工业社会快速向信息社会转变，通过数字化、互联网化、智能化的布局与城市框架的重构，城市基础设施系统、自然系统、社会系统、经济系统内生性和外生性都将发生变化，且快速转换架构到互联网空间。从某种程度上说，数字化改变了城市的细胞与基因系统，数据成了驱动城市运行的核心要素，促使城市主体、服务体系、协作模式等发生根本性改变。所以，加快新型智慧城市建设是借势而为、顺势而动，以抢抓数字红利，升级城市系统，形成以信息流为核心的资源体系，进而推动经济社会的可持续发展。

2. 推动政府机构转型，分享改革红利

随着我国新型城镇化的快速发展及经济转型压力的增大，继续加大改革力度成为不二选择，全面提升社会治理现代化能力及公共服务水平成为关键。近几年，国家把"放管服"不断推向纵深作为重点任务，急需推动政府转型升级，有效释放市场活力，不断促进创新创业，为经济社会健康发展创造良好环境。事实上，当前很多地方出现经济下坡、投资环境不好、公共服务水平低等诸多问题，其与政府理念落后、反应迟缓、转而不动等直接相关。所以，加快新型智慧城市建设，将全面推动政府转型升级，充分分享改

革红利。

中国信息协会原副会长胡小明认为：城市智慧的本质是组织化形成的效率优势，只有通过组织的优化及合作新秩序的构建，才能实现智慧化发展。但"智慧"的明灯从来不会自动亮起，新型智慧城市建设将有效推动政府转型升级与组织的优化。事实上，新型智慧城市建设犹如平静湖面上丢下的一粒石子，将快速激起社会组织的连锁反应，尤其是在政府机构运行方面。同时，新型智慧城市建设的最重要的作用是进一步凸显互联网时代政府机构运行的不足，诸如体制机制落后、服务意识弱、信息化素养低、信息孤岛多等。所以，通过新型智慧城市建设将倒逼政府改革，提高整个政府公务员队伍的活力，进而推动各领域的改革，充分释放发展的能量。

3. 支撑运行体系升级，竞争城市红利

当前，随着我国新型城镇化的快速发展，各地区加强新一轮城市发展红利的竞争，以吸引人力资源与社会资本的汇聚，提高城市竞争力与发展活力。据统计，全面推行居住证制度后，2016 年全国有 1 600 万人进城落户，为城市经济的发展提供了重要支撑。然而，伴随着我国城市规模的快速扩张，各地"城市病"也呈现集中爆发的现象，如人口拥挤、交通堵塞、就业困难、住房紧张、贫富两极分化、公共卫生恶化、环境污染、生态破坏等。"城市病"的出现不仅严重降低了公众的幸福指数，而且破坏了城市营商环境，甚至有些城市出现了人口外流、企业外迁的情况，大大削弱了城市的吸引力与竞争力。

加快新型智慧城市建设，将创新城市发展模式，充分利用"互联网+"的手段，改变传统管理服务方式，推动整个城市运行体系的升级。当前，由于信息社会大环境的不断优化，物联网、云计算、大数据等信息技术的优势全面凸显，使城市治理与民生服务已不再受时间和空间上的限制，真正实现大数据的决策支持与智能化运行。所以，新型智慧城市建设已成为支撑城市运行体系升级的必由之路，应积极推动城市管理服务能力的提升，全面增强

城市的软实力，吸引人、留住人、服务人切实落到实处。事实上，城市建设与运营水平的高低将直接影响城市的宜居、宜商环境，最终也将决定是否可以竞争到城市发展的红利。

4．促进社会资本汇聚，汲取资本红利

城市化的过程其实是农业转移人口市民化、资本汇聚与财富重新分配的过程，城市建设与经济发展离不开大规模资金的投入，资本的活跃度也是衡量一个城市发展活力与竞争力的重要指标。作为城市最高决策者经常考虑的是如何吸引投资，促进产业发展和城市的现代化建设。新型智慧城市之所以受到市长的普遍关注，最主要的原因是其看到了新型智慧城市建设带来的巨大发展机会，但新型智慧城市建设本身又需要大量资金的投入，如何通过新型智慧城市建设带来社会资本的汇聚，并带来产业的发展成为研究的重要课题。

事实上，新型智慧城市作为新理念、新模式、新技术集中建设实践的重要载体，其是可以吸引社会资本汇聚、汲取资本红利的，也应该承担起吸引社会资本参与城市建设的重任。所以，加快新型智慧城市建设，首先，要创新建设运营模式，坚持以政府主导、市场主体的策略，吸引社会资本参与；其次，要打造公平参与竞争的平台，明确各主体的责任，汇聚更多的企业与资本参与城市建设与产业发展；最后，以市场换产业，积极帮助企业带技术、资金落地发展。通过政府的积极引导，可以利用新型智慧城市重大项目建设的机会，真正吸引到一定规模社会资本的汇聚，投入到产业的培育和发展之中。

5．推动产业互联网化，分享产业红利

当前，虽然新型智慧城市建设的重心是在社会治理与民生服务领域，但其在新兴产业发展方面的影响与延展性是不能忽视的。新型智慧城市建设不仅改变了城市运行模式，同时通过新技术应用，也自然催生了新产业的创新发展。一方面，新型智慧城市重大工程项目的建设，将培育出一些创新性的企业，逐渐形成具有一定竞争力的产业；另一方面，通过新型智慧城市建设带来的技术应用与模式创新，间接影响传统产业的转型升级，促使产业的互联网化发展。例如，当前的物联网、云计算、大数据及智能制造等产业的快速发展，与智慧城市的建设是分不开的。

加强新型智慧城市建设，要积极培育新兴产业，加快产业的互联网化，分享新兴产业发展红利。首先，在新型智慧城市建设的重点领域，要引进一批具有创新性的企业，给予政策、资金等方面的支持，帮助企业做大做强，培育形成一批新兴产业。其次，借助新型智慧城市建设的良机，通过"互联网+制造"的发展模式，推动传统产业转型升级。最后，加快新兴产业园区与产业载体的建设，创新运营模式，打造"园区+平台+创业+资本"的新兴产业生态圈，促进新兴产业的集聚发展。

以价值为导向，不仅是新型智慧城市建设决策的重要依据，也是规划建设过程中应遵循的基本原则，其将引领新型智慧城市科学发展，也将起到事半功倍的建设效果。

（三）新型智慧城市建设的推进策略

2016 年 9 月，国务院发布《关于加快推进"互联网+政务服务"工作的指导意见》，再次提出加快新型智慧城市建设，做好分级分类新型智慧城市试点示范工作。随后，11 月 22 日，国家发展改革委、中央网信办、国家标准委联合发布《关于组织开展新型智慧城市评价工作务实推动新型智慧城市健康快速发展的通知》，正式拉开了新型智慧城市建设的序幕。通过对智慧城市领域研究与规划咨询工作的总结，对我国新型智慧城市建设发展提出如下策略建议，希望能为我国智慧城市建设提供帮助。

1. 新型智慧城市建设要"坚持初心"

从智慧城市建设伊始，针对智慧城市的讨论及对"智慧"的解读就没有停止过，由于认识不统一且关于智慧城市内涵与发展规律的研究又不深入，直接造成了智慧城市建设的不确定性，不断陷入纯粹信息化建设的"泥潭"。2011 年国脉互联在《智慧城市愿景、规划与行动策略》这本书中首次系统提出了智慧城市的内涵体系，并指出"智"是智能化，代表智慧城市的智商，"慧"是人文化，代表智慧城市的情商。随着对智慧城市研究的不断深入，其进一步从系统论的角度定义了智慧城市，同时指出"智慧城市是以人为本，以信息技术为支撑，通过城市生产生活方式深刻改变、社会运行体系重构后达到的一种创新、协调、绿色、开放、共享的生态平衡"，宜居宜业、充满活力与幸福感是智慧城市建设的核心，如图 15 所示。

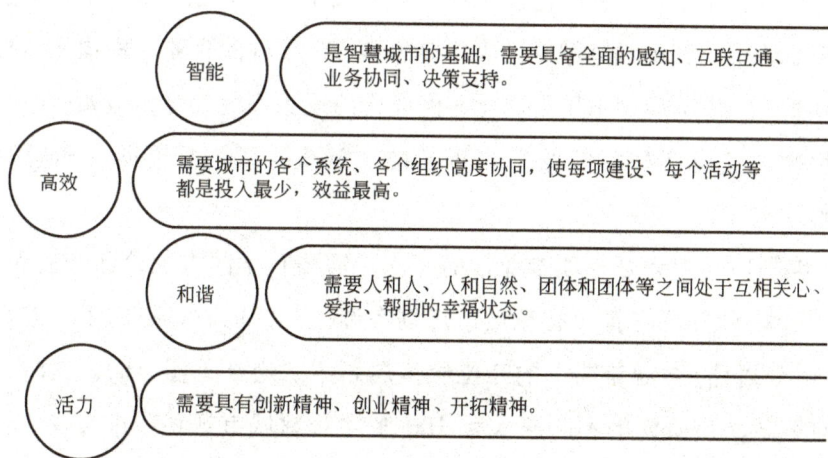

图 15　智慧城市核心特征解析

中国信息协会原副会长胡小明认为：城市的智慧本质上就是组织化形成的效率优势，从组织化视角认识城市智慧能看清很多问题，组织化形成的结果是各种资源（包括人与物）相互合作的秩序，这种合作的秩序是城市核心智慧。其从组织化和协同论的角度对智慧城市进行了解读，强调智慧城市从内到外的优化和全方位改造升级，使城市建设走上可持续的"智慧之路"。所以，新型智慧城市建设要"坚持初心"，在智慧城市规划建设过程中要以组织的重构、环境的优化、服务的升级、幸福的提升为重点，实现吸引人、留住人且充满活力、宜居宜业的发展目标，只有这样才能打造真正的智慧城市，否则只能是数字化、智能化的结果。

2. 新型智慧城市建设要"规划引领"

通过多年的宣传推广和交流学习，智慧城市建设参与者对顶层规划与实施方案的认识和认可得到了加强，这是智慧城市建设的第一步，将直接决定智慧城市建设的成败。目前，我国已有300多个城市在进行智慧城市建设，但总览各地智慧城市发展规划或实施方案，同质化的现象还比较普遍，信息化发展思路主导、智能化建设项目罗列成了共性问题。事实上，由于参与和推动智慧城市规划编制的大多是来自IT领域的企业、机构和信息化主管部门，顶层规划出现同质化、模板化的现象不足为奇，但如何改变这种状况，突出新型智慧城市的新思路、新模式成为急需研究和解决的课题。

编制顶层规划是一项专业性的工作，需要科学的方法论和专业人员。2010年国脉互联在推出智慧城市规划咨询业务的同时，提出了"宏观战略+中观思路+微观策略"的三位一体规划方法论（见图16）。同时，随着对智慧城市研究的不断深入和100多项智慧城市规划项目实践经验的积累，其规划的主要方法和内容不断向集成化、对象化、目标化迭代，同时以问题和目标为导向，以多路径为支撑，避免出现以应用系统为主导、单一信息化项目建设为主体的问题。所以，新型智慧城市建设要坚持"规划引领"，充分利用第三方机构的专业化优势，创新规划方法和思路，根据不同规模、不同区域的城市特点，以实施路径多样化为核心，制定出导向明确、协同一体、特色鲜明的智慧城市发展规划，切实指导新型智慧城市的建设运营。

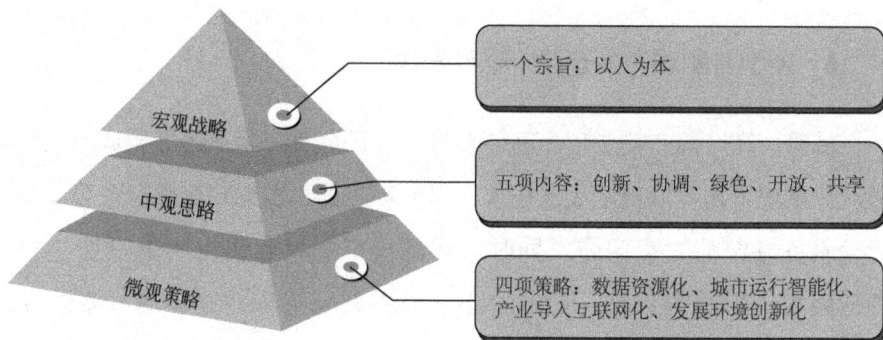

图 16 智慧城市规划方法论

3. 新型智慧城市建设要"集聚民生"

一直以来，社会各界对智慧城市寄予了很高的期望，甚至认为智慧城市将无所不能，这一方面是因为我们对智慧城市的概念认识不清，缺乏了解；另一方面是我们人为给智慧城市增添了很多想象的元素。为此，智慧城市规划建设涵盖了物理空间与虚拟空间、公共管理与民生服务、新兴产业与创新创业等各个方面，并希望通过信息技术的应用改变现有的城市运行模式，不断实现智能化、自适应的状态，这也成为我们一直追求的智慧化目标。

新型智慧城市建设需要新思路、新模式，但归根结底还是需要按照城市自身特点与发展规律建设，回归城市的核心功能，以人为本，聚焦公共管理与民生服务。首先，城市的本质是人的聚集，是群体与个人的活动网络构成的城市系统，持续打造城市宜居宜业的生活环境是关键课题。其次，我国正处于新型城镇化快速发展的阶段，城市治理与公共服务面临巨大挑战，同时国家在新型智慧城市试点示范过程中也把民生服务、便民惠民放在了优先位置。所以，新型智慧城市要加强城市治理智慧化建设，打造全覆盖的公共服务体系，切实为公众提供便捷的生活环境，提升政府的城市治理能力。

4. 新型智慧城市建设要"软硬一体"

目前，经过前一轮在信息基础设施、云平台及应用系统等领域的规划布局，智慧城市建设取得了显著成效，切实解决了一系列政府智能办公及公共管理服务方面的效率问题。同时，智慧城市领域也出现了重硬件、轻软件的现象，即基础设施、数据中心、应用系统等成为建设的主要内容，而体制机制创新、数据资源整合、人文环境与人才队伍建设等方面相对欠缺，这就导致智慧城市建设进入纯技术路线，造成了一系列问题，主要有 IT 企业追求利润和政府追求政绩、喜欢做信息化大项目、共同利益驱动的因素，也有对智慧城市基础研究不够、规划不科学、IT 行业推进手段单一等原因。

事实上，智慧城市的关键不是技术问题，但信息化建设却成为主要内容，且各领域的应用系统碎片化现象比较普遍，基础性、关联性项目推进缓慢，有可能造成新一轮浪费。所以，新型智慧城市建设要"软硬一体"，在加强新技术应用、新平台建设、新系统构建的基础上，要加强对组织机构、建设模式、运营体系、人才队伍、信用体系、创新文化等方面的建设，形成双轮驱动战略。随着新型智慧城市建设的不断深入，软环境的作用将更加突出，不仅为智慧城市建设提供了更多的实现路径，且为经济社会的转型升级创造了良好环境。同时，要加强对软环境方面的评估考核，引导全社会重视软环境建设。

5. 新型智慧城市建设要"敢于取舍"

目前，我国智慧城市建设处于模式化的推进状态，各地市建设内容基本相同，主要包括信息基础设施、智慧政府、公共管理、民生服务与新兴产业等。同时，各领域的具体工程项目也相差不多，甚至解决方案与功能目标也相似，这就造成了智慧城市建设千篇一律、缺乏特色、缺少创新。事实上，这主要是由两个方面的原因造成的，第一是由技术主导的规划和建设模式造成的，期望通过信息技术在各领域的应用、分部门的建设来实现预期目标，其结果就是雷同的智慧化项目；第二是与当前政府条块化的运行模式有关，其根据各部门的单向需求规划项目。

随着智慧城市理论研究与实践的不断推进，新型智慧城市建设需要根据各地市自身条件规划建设，要明白自身优势，敢于取舍，避免模板化、面面俱到。第一，针对已经建设的，不要重建，如电子政务网络、数据中心、云平台等；第二，能够共享的，不要再进行建设，如基础数据库、公共服务平台，以及企业电商平台、互联网公司的城市服务平台等；第三，没有自身优势的领域，不要规划建设，如工业大数据、互联网金融等。同时，加强在政务服务优化、便民惠民、城市环境绿色宜居等方面的创新发展，提出架构设计、模式创新、技术应用、机制保障等综合性实施方案。

关于新型智慧城市规划建设与试点示范的工作刚刚开始，针对其规律性、创新型、价值性的理论研究与实践还需要做大量的工作，希望以上提出的建设推进策略能为我国新型智慧城市提供借鉴，为各地市政府及参与新型智慧城市建设的企业提供帮助，同时也欢迎各地政府及更多企业和研究机构参与新型智慧城市的研究、规划与建设合作。

（四）新型智慧城市的能力体系建设

党的十九大报告提出，推动互联网、大数据、人工智能和实体经济深度融合，在中高端消费、创新引领、绿色低碳、共享经济、现代供应链、人力资本服务等领域培育新增长点、形成新动能，并明确提出建设"智慧社会"。"智慧社会"的概念是对"智慧城市"概念的新发展，建设智慧社会对于深入推进新型智慧城市建设具有重要的现实意义。在这样的大战略背景下，加快智慧城市建设显得更加重要。实际上，随着新一代信息技术和人工智能技术的发展，智能制造、智慧医疗、智慧金融、新物流等领域持续创新，数字经济蓬勃发展，不断释放出新活力、新动能，为智慧城市建设提供了有力支撑，我国智慧城市建设也在网络强国、数字中国及大数据等发展战略实施过程中稳步前行。智慧城市、大数据、"互联网+"是目前我国推进信息化建设的"三驾马车"，智慧城市不仅是大数据、"互联网+"创新应用的重要载体，更是全面推动我国新型城镇化建设及推进国家治理现代化的重要支撑。为了加快落实国家大数据战略，充分发挥智慧城市抓手作用，在以大数据创新应用为核心的信息化 3.0 阶段，急需总结我国智慧城市发展现状及存在的问题，全面加强智慧城市能力体系建设，使我国智慧城市发展之路走得快、行得远。

当前，我国智慧城市建设主要存在三方面的问题：第一，基础支撑能力不足，包括基础设施感知能力、数据采集应用能力、资源整合共享能力、公众数字化应用能力等，致使智慧城市建设浮在空中，在短时期内无法形成规模化效应。第二，运营服务力量不够，智慧城市建设的核心是运营服务，但目前智慧城市仍是工程项目建设的思路，并且也缺乏真正具有运营服务理念与实力的企业，导致智慧城市建设存在创新不够、效果不佳等问题。第三，缺乏针对新问题的预判与解决机制，由于存在一定的智慧城市政绩观，在大量企业与相关机构的推动下，对于智慧城市 PPP 建设运营模式、智慧小镇开发建设等可能带来的新问题，并没有建立有效的防范机制。

为了高效推进我国智慧城市建设发展，急需构建完善智慧城市能力体系，夯实智慧城市根基。智慧城市是工业城市进入到信息社会的新型城市形态，犹如农民进入城市成为市民一样，急需培育、构建新型能力体系。工业城市进入信息社会要想成长为智慧城市，需要快速提升智慧城市的感知、分析、重构、创新能力，构建以城市数据资源开发利用能力为核心，涵盖智能基础设施支撑能力、城市治理能力、运营服务能力、自我优化能力、创新发展能力的新型能力体系，并以此真正体现"智慧"的本质内涵（见图 17）。

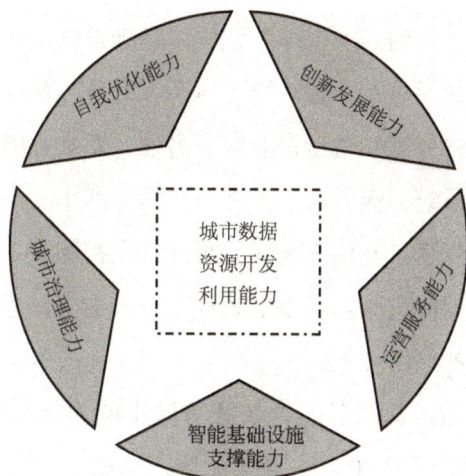

图 17　中国智慧城市能力体系

城市数据资源开发利用能力是智慧城市能力体系的核心。大数据时代，只有具备了城市数据资源开发利用能力，其他各项能力才能真正发挥作用。首先，需要加快完善城市数据管理服务体制机制，成立独立的城市数据管理服务部门，打造一批既懂技术、又懂业务，既懂数据管理、又懂服务运营的人才队伍，同时加强城市数据"管运分离"，提升城市数据管理运营的专业化水平；其次，以城市治理与民生服务为导向，加快数据规范化与标准化建设，完善相关管理制度，加强数据采集渠道建设及城市数据的快速聚合，尤其要加强政府数据与社会数据的融合，逐步建立起完善的城市数据资源池，推动横纵互联互通与数据共享开放；还有，围绕"互联网+政务服务"、精准扶贫、医疗卫生、环境保护、交通物流、文化旅游等领域，加强需求分析与大数据模型设计，以点带面，促进城市大数据的开发利用，提升公共管理服务与决策能力。

智能基础设施支撑能力是智慧城市建设运营的基础能力。通过近几年"宽带中国"工程项目的建设，我国宽带网络支撑能力显著增强，但随着网络强国与"互联网+政务服务"战略行动的快速推进，需要继续加强对宽带网络的投资建设，积极缩小城乡数字鸿沟，进一步提升服务质量。同时，加强交通、物流、市政、管网、安全等领域传统基础设施的智能化改造，建设智慧能源体系、智慧交通体系、智慧管网体系、智慧环保设施、智慧停车系统等，大力提升城市立体感知与运营能力。另外，要加强网络安全基础设施建设，强化重要信息系统、云平台、基础信息网络和个人隐私安全保护，加强重点行业网络安全管理，开展安全评估与等级保护测评，建立完善的信息安全管理制度与应急保障机制，增强信息安全防御能力，确保为政府、企业、公众提供一个安全的网络环境。

城市治理能力与运营服务能力是智慧城市能力体系的主体。它直接体现一个城市的管理服务水平，决定一个城市的软实力与影响力。目前，城市治理已由政府主导管理阶段、政企共同参与管理阶段向多元主体智慧协同管理阶段转变，急需通过感知化、网络化、数据化、智能化等手段，整合不同城市管理部门的数据资源，推动公共权力边界调整与互联网+管理服务方式创新，打造一种多元主体共同参与的智慧化治理模式，促进城市社会治理体系的共建、共治与共享。事实上，智慧城市作为一项巨大的系统工程，不仅建设周期长，而且其重点在于长期的运营服务，要进一步发挥数据的作用，盘活城市服务资源，创新服务生产与主动服务模式，推动公共服务的互联网化，促进互联网+医疗、互联网+教育、互联网+养老、互联网+社会救助、互联网+社区等快速发展，全面提升城市公共服务水平与城市竞争力。

自我优化能力与创新发展能力是智慧城市建设发展到高级阶段应该具备的能力，也是充分展现城市智慧的能力。其中，自我优化能力即智慧城市自我优化升级的能力，主要包括城市组织自优化能力、内外部资源循环利用能力及智能学习决策能力等，在信息流的驱动下，促进城市各个子系统的互联互通，同时通过充分的数字化改造，城市虚拟世界将不断推动物理世界的转型升级，使其具备一定的自适应能力。创新发展能力体现一个城市的发展活力，主要包括信息技术应用能力、新兴产业培育能力、创新环境构建能力等，在整个城市的信息素养得到大幅度提升之后，进一步促进了信息技术的广泛应用，数字经济新业态、新模式蓬勃发展，共享经济成为新的经济增长点，城市吸引力持续增强，拥有良好的创新文化与创新环境，不断提升城市的持续竞争力。

二、"智慧佛山"发展现状及成效

2010 年佛山市首次提出发展"智慧城市"，经过六年的发展，佛山市智慧城市建设硕果累累，总体发展水平持续维持在全国前列，其中在 2012 年、2013 年、2015 年及 2016 年，佛山市在中国智慧城市发展水平评估中均位列前 10 强（见表 15）。

表 15　历届中国智慧城市发展水平评估前十一名对比

排名	2012 年	2013 年	2014 年	2015 年	2016 年
1	无锡	无锡	无锡	无锡	深圳
2	广州	浦东新区	上海	上海	上海
3	浦东新区	宁波	北京	北京	杭州
4	扬州	上海	宁波	杭州	北京
5	宁波	杭州	深圳	宁波	无锡
6	佛山	北京	浦东新区	深圳	广州
7	北京	深圳	广州	珠海	宁波
8	杭州	佛山	南京	佛山	佛山
9	上海	广州	杭州	厦门	厦门
10	深圳	厦门	青岛	广州	苏州
11	苏州	武汉	佛山	青岛	青岛

注：浦东新区单独列出。

（一）持续加强信息基础设施建设，扎牢"智慧佛山"发展根基

1. 无线网络服务质量有效提升

一是积极推动公共场所无线局域网（WLAN）建设，编制并落实《佛山

市 2016 年公共场所无线局域网（WLAN）建设实施方案》，推动公共场所无线局域网建设，提升网络覆盖能力和上网服务质量，实现 WLAN 建设惠及民生。2016 年，佛山市建设公共无线局域网 AP 总数为 41 322 个，推动全市 15 000 多个公共场所免费 AP 统一接入无线局域网（WLAN）网络管理平台。佛山市各区公共区域无线局域网建设情况较好，基本实现了政府机构、商业广场、酒店、高校、机场及候机楼等公共区域的热点全覆盖，使公众能够随时随地享受便捷的无线网络服务。二是移动通信服务能力大幅度增强，佛山市全力支持通信运营商实施 4G 移动通信网络建设，加快 4G 业务的全面部署和应用，2016 年 3G/4G 基站建设工作得到进一步推进，截至 2016 年 12 月底，累计共建 36 276 个 3G/4G 基站，主要城区实现 3G/4G 网络全覆盖，信息网络已经成为支撑智慧佛山经济、社会发展的重要基础设施。

2. 光纤网络建设水平全省领先

深入贯彻落实《佛山市信息基础设施三年建设实施方案（2015—2017 年）》，多部门联动、多措并举，协调解决信息基础设施建设难题，加快推进光纤宽带网络建设。各区光纤入户率均已完成年初设定的目标，截至 2016 年 12 月底，佛山市光纤入户率达到 80.03%，且对比 2015 年（光纤入户率为 56.83%）有较大的增幅，全市光纤接入用户累计达 1 888 051 户。2016 年佛山市正式迈入"千兆光网时代"，成为广东省内首个正式发布的千兆城市，电信宽带服务能力已经达到业内一流水平。

3. "三网融合"工作成效明显

截至 2016 年年底，佛山市广电数字电视主机终端数已达 165 万，高清互动用户数达 110 万，高清互动终端渗透率达 66%，全市高清互动并发流达 65 000 流，平台利用率峰值达 80%。佛山市高清互动平台上线了贴近民生的政务门户和教育、娱乐门户，方便了市民利用机顶盒查询电费、办事进度、社保详情等信息资讯及进行家庭游戏娱乐活动。全市宽带用户数达 53 万户，佛山市宽带出口已达75G,将原来的4M～8M低速率用户,提速升级至10M～20M高速率接入。在全市范围内开展了50M、100M的高带宽接入。佛山市广电数字电视业务建设推广整体水平较高,广电数字电视业务接近全覆盖,高达92.53%。

(二)深化"一门式一网式"改革,政务服务工作取得新突破

1. 统筹开展电子政务各项工作

率先探索加强电子政务统筹建设,开展电子政务研究和规划工作,编写《佛山市"互联网"+政府(电子政务4.0)行动计划》,统筹规划全市电子政务重点项目并全面梳理全市电子政务相关业务。印发《佛山市电子政务云建设实施方案》,统筹规划电子政务云的发展方向,按照采用"规范标价、统一服务、统筹结算"的方式向全市各单位提供云计算资源服务,截至2016年11月底,购买云服务项目已实现市教育局、市公共资源交易中心等65个单位新增硬件资源的统筹开通和计费,共支撑了180个系统应用、290台虚拟机、130T云存储空间。强化对电子政务项目的审核管理工作,截至2016年年底,累计对636个专项申报信息化建设项目出具最终审核意见,涉及金额约86 254万元。

2. 政务服务改革取得新的突破

佛山市积极推进"一门式一网式"改革,不断创新政务服务建设。一是推行"综合服务、受审分离",实现政务服务"一窗通办",截至2016年年底,全市建成综合服务窗口1 114个,累计实行"一窗通办"事项6 460项,窗口服务人员减少30%,群众平均等待时间压减15%。二是推行"标准运行、电子流转",搭建统一的"一门式一网式"综合受理和申办流转平台,制定前后台流转标准、数据对接标准、材料流转流程规范等,实行全程电子材料与纸

质材料相结合的办件流转方式，实现跨部门、跨区域、跨行业的政务服务资源共享、数据交换、业务协同，部分事项试点实现政务服务"同城通办"。三是推行"一表登记、联合审批"，截至 2016 年年底，全市企业注册登记 2 个部门 54 个事项、企业经营准入 21 个部门 112 个事项、企业投资建设 26 个部门 236 个事项，全面实施了跨部门、跨层级联审联办。四是推行"两厅融合、同城通办"，实现政务服务"一网通办"，市、区 100%的事项（共 11 609 项）接入网厅，38.6%的事项（共 4 488 项）可实现全流程网上办理，基本实现进一个网厅可以办理所有审批服务事项，截至 2016 年 12 月底，全市网上办理业务量达 272.12 万宗。此外，佛山市积极推动便民应用工作，佛山市民网完成了手机版和网页版的改版工作。"市民之窗"自助服务点布设情况良好，全市已经铺设终端 1 074 台，"市民之窗"自助服务终端还新增了老人证办理、车船税缴纳、个人无房产证明打印、机动车违章罚款、办事预约等便民服务功能，为市民提供更多更优质的自助服务，2016 年度，"市民之窗"业务量已达 120.1 万笔，较上年同比增长 88%，实现了自助服务的高速发展。

3. 全市电子政务建设屡创佳绩

政民互动大平台引入"互联网+"思维和"O2O"服务模式，推进问政、行政、监督"三网融合"，打通了政府的门、网、端、线等服务渠道，让群众有事问政府、找政府办事和参与监督政府都更加便捷、畅通、高效。电子证照库以居民身份证号码作为唯一标识，形成居民个人电子证照目录，推动群众办事的"一号"申请，实现"一号"为居民"记录一生，管理一生，服务一生"。"12345"平台全年电话及各网络渠道受理群众政务咨询、政务诉求、行政投诉、建言献策达 229.7 万人次，其中电话渠道全口径受理量为 99.3 万人次，网络渠道全口径受理量为 130.3 万人次。群众对"12345"平台服务的满意度评价达 98.86%。大力发展政府门户网站建设，佛山市政府门户网站荣获 2016 年中国政府网站新媒体传播力广东省政府网站第一名，并在 2016 年中国政府网站绩效评估中获得优秀等级。

4. 公共资源交易平台整合成效显著

秉承"依法阳光交易，廉洁高效服务"的服务质量方针，在依法做好各项交易业务的基础上，创新推行交易服务"一门式"改革，积极推进标准化体系建设，做好公共服务系统和行政监督系统"三平台分离"改造工作，进一步落实佛山市公共资源交易平台整合统一工作。一是根据《佛山市整合建立统一的公共资源交易平台实施方案》要求，加快实施系统升级改造，完成适应性改造项目方案；二是切实做好系统对接互通工作，建设有关数据推送模块，完成与省信息化平台互联互通任务；三是配合推进市区交易平台整合工作，各区完成分中心揭牌仪式，正式成为市交易中心的分支机构，并为进一步落实交易平台分支机构"双重管理"要求、强化业务管理、研究探索市区公共资源交易业务管理工作办法、统一市区交易服务标准和流程提供了工作参考；四是有序推进其他类别项目纳入平台交易工作，按照"成熟一个、整合一个"的原则，实现矿业权交易审批及网上交易全程信息化管理，矿业权网上交易子系统正式上线运行。

（三）着力实施惠民服务工程，智慧民生服务体系不断完善

1. 智慧教育示范效果突出

作为教育部第一批教育信息化试点市，佛山市积极探索、推进教育信息化建设，其发展成效和发展模式在全国范围内起到较好的示范作用。2016 年，佛山市提前 100%实现了"三通两平台"中的"宽带网络校校通、优质资源班班通"的目标。建立了基于知识点的可视化学习资源共建共享平台，形成"广佛肇梅清云韶"跨区域教育信息化合作圈，截至 2016 年年底，平台汇聚优秀精品课资源超过 20 000 节。持续发挥"探索号"数字化探究流动实验室服务教学作用，科学探究流动实验室已服务近 100 所学校、50 000 多名师生，

2016年共计服务学校30所、22 184人次。佛山市在国家、省级信息技术应用及竞赛活动中屡获佳绩,76项作品于第七届"中国移动'和教育'杯"全国教育技术论文活动上获省级奖励。

其中,禅城区的"睿智教育"云平台、"云学校"、"可视化学习行动研究"等项目,有效支持信息技术与教学融合。南海区"朝阳视频网(IPTV平台)""朝阳学堂""学前教育网"等项目有效支撑翻转课堂、灵动课堂和智能课堂等应用。顺德区完成了中小学100%"人人通"任务,"粤教云"融合试点学校增加至10间,师生各项信息化竞赛项目(特别是电脑制作、机器人和教师软件大奖赛)均居全省前列。高明区100%完成"三通两平台"任务,实施网上阅卷、平安校园等应用项目。三水区人机比达到了5:1,并建成综合信息管理平台,搭建了中学教学质量监测体系,建成了网络视频会议系统。

2. 智慧医疗建设不断优化

在信息系统和平台建设方面,实现区域卫生信息平台运行情况的集中监控,覆盖全市103家医疗卫生机构,占比为99%。联通4 500多个医生工作站,存有18亿多条数据。完善妇幼保健信息系统,2016年,在全市57家有产科业务的医院,统一使用可查询孕妇的产检结果、新生儿疾病筛查报告、出生医学证明管理等模块,签发率达92.43%。深化"健康佛山"微信应用服务,实现全市社区卫生服务移动端的预约挂号、新生儿筛查、健康档案查询、健康咨询、医患互动和家庭成员健康管理等服务。完善佛山市卫生监督信息系统建设,建立全市企业档案本底数(户)16 180个,占比为98.44%。处罚相关单位237次,查处非法行医614次,查处非法行医案件761件。

在互联网+健康医疗建设方面,推进"三库融合数据共享"试点建设工作,实现全员人口信息、电子健康档案、电子病历信息实时动态更新。完善全市医疗管理信息平台信息记录功能,平台动态录入不良行为记录数为354例,行政处罚记录数为157例,无证行医记录数为628例。提升医患事件直报管理信息系统中网上直报、投诉和满意度评价窗口的作用,优化佛山市医疗机构转诊管理信息系统在提供网上规范、标准的双向转诊全流程管理方面的服务，已覆盖全市 103 家医院及社区服务中心，有效管理转诊记录达 600 多条。卫生计生机构以问题为导向，运用互联网思维，创新服务模式，2016 年佛山市在全省基本公共卫生服务均等化考核中排名第一。

3．智慧交通建设成效明显

在管理智能化方面，对公交基础数据进行采集，完成了 3 个区、9 家企业、282 条线路、3 482 个从业人员、2 482 辆车、5 196 个站点的基础数据采集录入，共完成了 1 200 套车载智能服务终端的更新改造，2 887 套广佛通读卡设备的更新工作。高明区、三水区 3 家公交企业共 720 辆公交车全部接入系统并通过系统进行日常的调度、管理及成本核算等。在路权保障方面，构建面向全市的公交专用道监控系统，交通局指导开展禅城区公交专用道建设。全年共完成 277 套前端抓拍设备，并将占道交通违法数据推送至市交警支队。在治超管理方面，佛山市建设一体化治超管理平台，将"佛山一环"14 个科技治超点全部接入平台并投入试运行。加大交通行业的数据整合力度，从纵向和横向两个方面进行数据整合和共享交换，为下一步全市交通大数据中心的建设奠定了基础。

4．智慧社保工作稳步推进

社保卡发行量稳步增长，基本覆盖了全市户籍人群及外来参保人群。截至 2016 年年底，发卡并激活 466 万张，激活率为 88.7%。完成省人社厅要求的社保卡在人社部门的 94 项应用，其中，包括将社保卡作为身份凭证办理各项人社业务，以及各项社保待遇通过参保人社保卡金融账户进行发放。完善医疗费自助结算体系，利用社保卡的联机身份识别、医保个人账户和金融支付功能，实现医疗费用的自助结算。目前，全市共 4 家医院实现了特定门诊费自助结算。此外，积极配合上级部门开展省内异地就医结算系统的建设工作，根据省人社平台接口流程和规范标准，协助推进异地就医平台上线，省内新增结算医院 192 家，本地共有 16 家医院上线省异地就医结算平台。

5. 文化服务水平日渐提升

以"文化升级两年行动计划"和"文化佛山三年行动计划"为抓手，提高公共文化服务的智能化水平。"佛山文化 e 网通"实现了文化活动预约报名、文化场馆预订使用、"点单式"服务供给、"众筹式"活动孵化 4 大功能，2016年累计实名注册用户 4 052 人，网站累计访问量达 1.8 万次，开展网上预约活动 80 场，共有 615 人次进行预约。加大数字图书馆共建共享力度，佛山市图书馆数据库采购经费总额高达 268.5 万元，联合四家区级图书馆搭建数字资源共建共享平台，截至 2016 年年底，平台共建设 36 个外购商业数据库、38 个试用数据库、13 个自建数据库，资源容量达 100TB。此外，增加对电子图书、电子报刊的采购，一共采购电子图书 20 万余种（在线+镜像）、电子报刊 4 000 种和报纸 200 种，满足市民移动阅读需求。智能图书馆便民服务范围扩大，包括"街区图书自助借还机""自助图书馆""读书驿站""移动智能图书馆"四种建设模式，全市智能图书馆总量达到 54 家，并将图书馆服务延伸到社区、园区、商业综合体等公共场所。

（四）大力推进"互联网+"管理，构建佛山智慧管理新格局

1. "智能安监"建设成效显著

"智能安监"平台一期基本完成并全面投入使用，市、区、镇（街）、村（居）各级 1 388 位安全监管监察人员、39 个安委会成员单位、包括重点风险源和规模以上企业在内的近 2 万家企业通过平台开展隐患排查治理等日常安全生产工作，共采集生产各类经营单位"一企一档"信息 209 641 家，包括重点企业 31 288 家。深入推进安全生产移动服务平台建设，截至 2016 年年底，移动安监和移动安全服务平台已经建成并在全市各区、镇（街）安监部

门推广应用，全市共配备移动监管硬件终端 350 台，针对企业的移动 APP 和针对村（居）安监巡查员的移动基层检查 APP 都已全面铺开使用。探索建设安全生产风险分析与预防控制系统，一是初步实现安全生产监管由"事故驱动型"向"主动预防型"转变，初步解决了安全生产风险源底数不清和监管措施针对性不强等问题。二是开发安全生产风险管理系统，实现风险源管理的"可视化""在线化""动态化"。智能安监平台数据信息资源得到进一步完善，打造微信公众号服务平台，2016 年，"佛山安监"微信平台关注率同比增加 300%，发布信息 700 余条，阅读量达240 余万人次，微信平台关注度和影响力位居全国前列，屡次摘得全国安监微信公众号排行榜桂冠。

2. 智慧环保系统及平台功能不断完善

丰富环保应用内涵，创新平台系统建设。一是建设排污费征收全程信息化管理系统，建立数据共享中间库，为佛山市环保大数据平台的建设提供有力支撑。二是建设排污总量自动控制系统，实施总量控制措施，为排污权有偿使用和交易、总量执法提供有力支撑。三是建设排污权有偿使用与交易综合监管平台，对外实现面向企业许可证相关业务的在线申报、排污权交易信息的发布与排污权有偿使用和二级市场交易，对内实现环保管理人员对许可证相关业务的在线审核等功能，并实现对排污权交易的全过程监管。四是建设村级工业区管理平台，对村级工业区内的工业用地、工业企业等进行分类归档、动态跟踪、全面排查和登记，建立村级工业企业分类名录，并完成村级工业区工业企业基本信息的收集、存贮及综合管理。环境监测信息管理系统不断完善，实现现场监测记录的原始性和监测数据的无纸化，降低现场分析人员工作量，通过增加综合监测信息管理系统，实现监测数据的各种查询、统计及综合趋势分析，以加强环境监测数据全面有效的开发和利用。生态环境持续优化，2016 年 SO_2 年均浓度比 2011 年下降 58.8%，PM2.5年均浓度比 2013 年下降 28.3%，首批整治的 42 条重点河涌达标率为 69%，新增公园绿地 693.97 公顷，市域森林覆盖率达 35.5%，成为全国绿化模范城市。

3. 数字城管统一平台初建成

在平台建设方面，建成数字城管统一平台，初步形成全市"一盘棋"格局，完成了整个佛山市数字城管核心业务的统一，实现数字城管信息系统"一个平台管理"和"四个统一"（统一运行模式、统一办理程序、统一信息数据、统一监督考核），同时还兼容五区独立平台的特色功能，使得禅城区、南海区和顺德区三个区级平台不涉及数字城管考评的业务扩展系统能够自行运行。在"互联网+"应用方面，通过优化界面设计、重新开发和改版等手段，进一步优化了数字城管微信公众号、佛山市城管随手拍 APP 投诉界面，开发了通过语音描述问题、通过网络或 GPS 自动定位事发地点等人性化功能，实现城市管理问题"一键上报"。截至 2016 年年底，通过微信公众号、随手拍 APP 途径，上报案件的来件总数为 10 498 宗，受理 10 343 宗，立案 10 108 宗，按期结案率约 98%。市民通过数字城管微信、随手拍 APP 反映的城管问题约占市级平台受理公众投诉总量的 56.59%。此外，为进一步持续完善和优化微信、随手拍 APP 的功能和使用体验，还制定了《微信公众号、随手拍 APP 系统功能例行检查制度》，形成长效优化机制。

4. 食药监实现双向数据共享

以创建国家食品安全示范城市工作任务为中心，通过加快智能食品药品安全监管工程的推广应用实现信息惠民，逐步实现食品药品监管工作实时、动态和科学管理，全面提升数字化、智能化监管能力。依据国家和省相关标准规范进行数据库建设，并组织技术人员编制了《佛山区域食品药品数据交换标准》，截至 2016 年年底，基础数据库、业务数据库和统计分析数据库基本涵盖全市"四品一械"（药品、餐饮食品、保健食品、化妆品、医疗器械）生产经营企业基本信息、药品流通信息、餐饮台账等数据。建立统一的数据库和业务数据交换平台，实现纵向、横向部门间数据共享互联互通，实现和省食药监局双向的数据共享，实现与市经信局、市行政服务中心、市发改局和市公安局数据共享。大力推进食品重点品种电子追溯系统和农贸市场快检的应用工作，全市婴幼儿配方乳粉经营企业 100%实施婴幼儿配方乳粉追溯，已有 2 104 家企业加入了省追溯系统。在禅城区、南海区、三水区和高明区安排了 100 家农贸市场使用省局统一开发的智慧食药监快检系统平台开展食用农产品快速检测工作。市场开办者在市场正门醒目位置设置电子屏或宣传栏，每天及时公布本市场内使用农产品的快检结果信息，并在政务网站定期公布食品监督抽检质量通告。佛山市被列为第三批国家食品安全城市创建试点城市，是广东省唯一一个被纳入第三批国家食品安全城市创建试点的城市。

5. 网格化管理服务成效大

2016 年，佛山市积极创新基层社会治理方式，不断深化网格化管理和社会化服务，基层社会治理能力和水平稳步提升。其中南海区全面铺开网格化工作，实现社会治理网格化全覆盖，构建"直联+网格化"互融共进的工作机制，推广使用网格化平台的直联清单，实现工作平台、团队服务、工作内容、民情数据"四融合"，制定全国首份社会治理网格化事项标准，大大提升了基层治理能力和水平。狮山镇成为广东省镇街综治信访维稳中心目标管理和综治网格化管理省级试点单位，里水镇成为全市首个"国际安全社区"。禅城区推行城市管理"网格化"，完善"城市升级+城市管理+基层治理+文明创建"四位一体的工作机制，有效治理了城市"乱象"，改善了"全民参与城市管理"的社会氛围。建设社会综合治理云平台，重铸社会治理网格，重整社会管治力量，构建成综合管理、主动防控、智慧应用的现代化社会治理 3.0 模式。云平台及数字城管系统共受理各类案件 289 813 宗，已结案 286 419 宗，办结率为 98.8%。

（五）深化供给侧结构性改革，助推佛山产业发展再上新台阶

1. 企业创新能力不断提升

认真贯彻各级扶持企业技术改造的政策措施，制定出台《佛山市工业企业技术改造事后奖补实施细则》，2016 年全市共完成工业技术改造投资 550 亿元，增长 42.4%，总量稳居全省首位。积极推进两化融合贯标工作，截至 2016 年 12 月底，佛山市两化融合贯标试点企业总数达到 103 家。推动实施"百企智能制造提升工程"，引导企业应用工业机器人和智能装备，截至 2016 年年底，佛山市开展"机器换人"的规模以上工业企业超 300 家，应用机器人超 5 000 台，主要应用在汽车制造、陶瓷、家电、机械装备及金属材料加工等行业领域，主要替代搬运、焊接、码垛、喷涂、装配、冲压等工种。其中，佛山东鹏洁具股份有限公司的"以自主品牌工业机器人为核心的高度智能化卫浴整厂建设"项目和佛山登奇机电技术有限公司的"机器人等高端装备用伺服电机数字化车间"项目入选国家工信部 2016 年智能制造综合标准化与新模式应用项目，佛山维尚家具制造有限公司"全屋家居大规模个性化定制试点示范"项目入选国家工信部 2016 年智能制造试点示范项目。贯彻落实创新发展驱动战略，出台创新驱动发展三年行动计划，截至 2016 年年底，全市新增高新技术企业 671 家，总数达 1 388 家，增长 93.6%，建成新型研发机构 30 家、省级重点实验室 17 个、工程中心 395 家、技术中心 150 家，新增国家级众创空间试点单位 5 家，总数达 15 家。建设国家商标战略实施示范城市，拥有中国驰名商标 157 件，位居全国地级市首位。

2. 试点示范工作扎实推进

坚持先行先试，举办"制造强国 佛山探路"系列专题活动，积极探索研究佛山制造业发展新路径。在"中国制造 2025"试点示范企业未有统一标

准的情况下，率先探索制定评价标准体系，制定《佛山市创建"中国制造 2025"试点示范城市实施方案》《佛山市创建"中国制造 2025"试点示范企业工作方案》《佛山市"中国制造 2025"试点示范企业评定标准（试行）》和《佛山市扶持"中国制造 2025"试点示范企业的政策措施》等系列方案和政策，在装备制造、家电、陶瓷等支柱行业选取 121 家骨干企业作为试点示范创建企业，并评审出 36 家试点示范企业。组织召开佛山市"中国制造 2025"政策宣贯暨企业与服务商对接交流会，促进佛山市企业与服务商交流合作。2016 年，珠江西岸六市一区被国家工信部认定为创建"中国制造 2025"试点示范城市群。

3．新兴产业保持快速增长

（1）先进装备制造业规模不断壮大。高标准举办第二届珠江西岸先进装备制造业投资贸易洽谈会（以下简称珠洽会），引进一批填补国内空白的先进装备制造项目，珠洽会七市一区共组织签约项目 220 个，总投资额为 2 307.7亿元。佛山市（含顺德区）共组织装备制造业签约项目 77 个，投资总额达859.5 亿元，签约项目数及投资总额均位居七市一区之首。截至 2016 年年底，全市规模以上先进装备制造业完成工业总产值 6 628.8 亿元，同比增长 11.7%，完成装备制造业投资 611.6 亿元，实现装备制造业工业增加值 1 471.3 亿元，增长 11.7%。工作母机类制造业完成工业产值 1 395.8 亿元，实现工业增加值316.8 亿元，增长 21.7%，比广东省下达的增长目标 15%高出 6.7 百分点。

（2）电子商务发展取得新突破。统筹全市电子商务发展，编制《佛山市电子商务发展"十三五"规划》等一系列促进电子商务发展的政策文件。完善全市电子商务综合服务平台服务体系，搭建省内首个上线的市级跨境电子商务公共服务平台。成立佛山市跨境贸易电子商务联盟，开展深度的交流合作和资源整合，提升行业竞争力和话语权，实现抱团作战和互利共赢。开展互联网+易通关改革，降低了通关成本，提升了通关效率，优化了通关环境。截至 2016 年年底，全市电子商务交易额约 5 050 亿，跨境进出口额度约为

34.16 亿元。

（3）文产融合取得新进展。两年文化升级行动计划顺利收官，全年 139 个子项目全部启动（含完工、开工、启动），共完成子项目 124 个（考核子项目 95 个、推进子项目 29 个），累计完成投资额 62.86 亿元。推动市政府与省文化厅签订文化建设合作协议，通过了共同推进文化中枢建设、创建公共文化服务体系示范区、建设"佛山文化 e 网通"公共数字文化服务平台、创建国家级文化产业示范园区、创建广东省文化金融合作示范区等八大重点项目。开展 2016 年度文化创意产业专项资金申报工作，深入五区举办扶持政策宣讲活动，共有 59 个单位获得 603 万元的资金扶持资格，评审认定首批 21 个市级文化产业示范基地，中国陶谷、樵山文化中心、西江新城等文化产业集聚区逐步成型。首次启动佛山市文化产业招商引智工作，组织 42 个招商载体亮相深圳，共吸引 170 多家企业，达成意向签约项目 20 个，意向投资总额 33 亿元。组团参加第十二届深圳文博会，共达成文化产品及服务成交意向 2 780 万元，较 2015 年上升近 460%。

（4）大数据产业集聚发展效应逐渐显现。一是强化大数据产业发展的统筹规划，出台《佛山市大数据发展"十三五"规划》，计划实施搭建工业服务协同平台、推进工业大数据应用等重点工程。二是积极开展第一批省级大数据产业园、大数据创业创新孵化园的申报培育工作，并以禅城区申报创建广东大数据综合试验区为契机，推动全市大数据产业集聚发展。三是全力推动互联网+创业创新产业园发展，产业园北园将打造"立足珠三角、服务大华南、辐射泛珠、协调粤港澳"的大数据产业基地，目前，产业园已有 21 个项目先期进驻，其中涉及大数据领域的项目有中国联通华南大数据基地项目、中国电信佛山互联网数据产业园项目、华南大数据研究院项目和 IBM 全球工业设计认知物联网云平台（IBM"智慧大脑"应用中心）项目等。

4. 产业载体建设效果显著

（1）科技创新小镇群建设加速推进。2016 年 11 月 22 日，佛山市高新区科技创新小镇群正式启动建设，小镇群将围绕产学研、IT、生命健康、创新制造等不同领域，各自打造特色产业来形成错位发展、相互促进的格局，是广东省首个科创小镇群，对促进传统制造业的转型升级、探索形成特色小镇的广东模式具有深刻意义。2016 年，佛山市全面构建产业创新生态，建设智造小镇、IT 小镇、生命健康小镇、星光小镇和制造业创新小镇，其中禅城区张槎街道以获批广东省首批"互联网+"培育型小镇为基础，打造"互联网+"小镇。南海区桂城街道获广东省科技厅颁发的"广东省'互联网+创新创业示范镇'建设单位"牌匾。顺德区北滘镇入选广东省首批"互联网+"创建小镇，被评为第一批中国特色小镇（全省六个，全市唯一）。高明区分两批推进特色小镇，启动白鹭湖假日小镇、味觉体验小镇和西江滨水古镇等建设。三水区推进西南水韵小镇、河口古镇和科创小镇等 10 个特色小镇建设。

（2）产业园区和企业孵化器量质齐飞。已建成绿岛湖都市产业园、广佛智城等各类电子商务园区 38 个，认定国通物流城、泛家居电商创意园等 11 家园区为跨境电子商务产业园区，其中，佛山创意产业园 2016 年获得"国家级科技企业孵化器"的称号。科技企业孵化器倍增计划成效大，截至 2016 年年底，共有各类综合孵化器 38 家，其中 10 家为国家级科技企业孵化器，21 家为国家级孵化器培育单位，15 家为国家级众创空间，16 家为省级众创空间，累计毕业企业达 356 家。全市共建有各类新型研发机构超过 50 家，获认定省级新型研发机构的共有 30 家（全省排名第 2），参与新型研发机构建设的科研院校达 40 家。

（3）政企通有效提高政府服务效能。开发建设政企通平台，平台依托"三库四平台"构建而成，以互联网技术搭建政企信息"直通车"，通过手机 APP 及时将政府的扶持政策、服务措施等信息精准推送到企业家手中，并实时搜集和反馈企业家诉求，提高为企业服务的主动性、针对性、时效性和便捷性。通过佛山政企通平台，政府可以有效扩大政策惠及面，企业可以获得精准化的政策资讯、优质的涉企专业服务与免费的电子商务平台，涉企服务机构可以在平台上对接企业需求、开展培训服务、开拓专业市场。自 2016 年 4 月

26 日上线以来，佛山政企通 APP 已有 5 万多个用户下载使用，包括 9 700 家规模以上企业在内的 1.3 万家企业注册在线和共享信息（截至 2016 年年底）。

（六）强化数据资源管理与应用，推动"智慧佛山"建设新发展

1. 数据资源开放共享水平不断提升

建设全市统一的人口、法人、空间地理等公共信息资源库，为各区、各部门建设一个共建共享的大数据库。编制《佛山市政务信息资源第四期共享目录》，开展全市政务信息资源年度普查，加强数据来源的一致性和权威性。根据《公共数据资源共享（数据银行）规划方案》的工作部署，完成数据银行目录管理、数据可视化、数据质量分析和数据总线等关键子系统的开发工作，并对各子系统进行整合和定制化改造。积极打造"佛山市数据开放平台"，通过对数据采集、数据目录、数据开放、数据权限、数据统计和数据门户等功能的建设，使平台能覆盖到数据开放全生命周期，通过数据资源开放，在政府层面逐步形成多层次的开放数据中心。其中，佛山数据银行在中国智慧政府发展年会上荣获第二届（2016）中国"互联网+政务"优秀实践案例 50 强。

2. 数据资源开发利用成效突出

在全球智慧城市建设与应用进入大数据时代的契机下，佛山市积极推进和深化大数据在社会治理、民生领域、产业发展等方面的应用和创新，经过一年的发展，佛山市数据资源开发利用成效突出。在社会治理方面，佛山市积极借力大数据，实现社会治理精细化，禅城区综治云平台探索综合管理、主动防控、智慧应用的现代化社会治理 3.0 模式和南海区探索社会治理网格化的新模式都取得了显著效果，其中禅城区社会综合治理云平台在 2016 年11 月获评（2016 年）"互联网+政务"全国优秀实践案例 50 强。在民生领域

方面，佛山市积极推进民生数据应用，持续提升政务服务水平，截至 2016 年年底，佛山市市民专属网页已实现了全市 553 万户家庭和 300 万人员的社保查询服务，"市民之窗"已实现办理业务 50.3 万笔，除此之外，税务大数据、医疗大数据开发及应用、智慧气象系统等方面的应用和探索也在不断深化。在数据产业发展方面，佛山市大力推动工业大数据应用发展，全市多家骨干型企业建立了工业互联网和工业大数据中心，广东福能大数据产业园成功获批首批广东省大数据产业园。

在当前新形势、新常态、新一轮改革发展的关键时刻，佛山市智慧城市总体成效较为突出，同国内标杆城市相比，佛山市智慧城市建设仍存在一些待解决的问题。一是信息化体制机制创新不够，现有分散、重叠、简单的管理服务模式已不能匹配信息社会发展形势；二是建设的统筹性和计划性稍显不足，建设过程中，自下而上的自发性建设为主，这在一定程度上加剧了信息孤岛、重复建设等问题的程度；三是区域信息基础设施发展不均衡，主要表现为五区和城乡等建设水平差异较大；四是公共服务便捷度、深度不够，尤其是民生服务领域社会化水平亟待优化、建设运营模式继续多样化和社会化提升，促进智慧民生的可持续发展；五是信息化人才方面，主要表现为信息化部门人员的意识和能力有待提升，信息化人才的数量不足、层次不够丰富。

三、"智慧佛山"五区亮点与特色

(一)禅城区发挥中心服务优势，突出改革创新和管理服务等重点

1．政务信息互联互通，改革落实高效

深化"一门式一网式"改革，以共享政务信息资源为出发点，提高政务服务水平。依托政务信息资源共享平台，以《禅城区政务信息资源共享目录（二期）》为指导目录，实现市区两级和区级各部门互联互通、信息共享和业务协同，截至 2016 年年底，共沉淀部门共享交换数据 2.6 亿多条，支撑市、区和部门多项重点应用。同时，引进相关的专家团队、协会等机构，开展一门式公共服务综合信息系统数据可信存储及流转、数据规划和一门式自然人数据资源开放设计等研究工作，为一门式大数据分析利用奠定基础。2016 年，网上办事大厅佛山市禅城区网上全流程办理率为 88.43%，网上办结率为 53.26%，网上申办事项到现场次数不超过 1 次的比例为 79.91%。实现一门式系统与通用审批平台的对接，使得一门式系统能无缝承接由网上办事大厅申请的办件。推广应用"禅城一门式"公众服务号，提供网上预约、网上查询、网上办事等微信服务，大大减少群众跑腿，切实方便群众办事，并配合省、市做好证照库、企业专属网页和市民个人网页等相关工作。

2．数据资源助力优化社区服务体系

搭建覆盖全街道的"安全、便捷、周到"的社会服务信息化网络体系，

通过优化长者饭堂、家政服务、医务社工和"平安通"等居家养老服务项目，支持街道民生项目"大数据·微服务"的建设。一是增加4个长者饭堂服务点，享受长者饭堂现场就餐和送餐服务的老年人逐步增加，5个长者饭堂平均每天共接待老年人就餐760人次，每天总就餐老年人数较之前增加了两倍。二是从广度和深度上扩大家政服务范围，从室内生活料理拓展到室外活动照料，从基础的生活料理拓展到特殊的服务需求。三是为长者搭建一个含医疗咨询、上门就诊、保健康复、心理关怀、链接资源等一体化终端服务申请平台。四是强化"平安钟"线上线下服务能力，线上实现平安钟服务从"平安家居"到"平安出行"的升级和创新，线下着眼于以"医养结合"（医疗-康复-养老一体化）为方向，开展"唤智同行，平安护行"行动。

3．招商引资助推智慧产业快速发展

历年来，禅城区因地制宜，发挥自身产业优势，积极落实招商引资工作，取得了显著成效。从产业载体来看，拥有佛山市物联网络工程技术研究开发中心等多个研发中心，共有特色主题园区13个，广东省（佛山）软件产业园及佛山创意产业园在2016年获得"国家级科技企业孵化器"的称号，广东福能大数据产业园（禅城区大数据产业园）入选省级大数据产业园。良好的产业发展环境，广阔的发展空间吸引了世纪互联、鹏博士、广东睿江科技等相关企业落户禅城区。2016年，物联网类企业超200家，云计算、大数据等相关企业超30家，电子商务交易额突破1 381亿元，同比增长31%，占全市的27.4%。特色小镇建设初具规模，构建了"4+N"特色小镇建设发展格局。2016年，张槎"互联网+"小镇获选广东省首批"互联网+"创建小镇和培育小镇，是佛山市唯一一家培育型小镇。南庄镇依托"中国建陶第一镇""中国陶瓷商务之都"两块金字招牌和占据中国建陶产业"半壁江山"的基础，打造中国建陶小镇，并依托省级大数据产业园区的成功申报，打造数梦小镇。祖庙街道则以岭南天地为先导区域，深度挖掘、包装岭南历史文化街区，打造岭南风情小镇，同时以中国青创版项目落地示范区挂牌为契机，打造青创小镇。

石湾镇则是依托 5 000 年制陶史的积淀，以"中国陶谷"为核心区，打造文化创意小镇。

（二）南海区紧抓广佛同城发展契机，推进各领域建设"品牌南海"

1. "五个一工程"全面提高政务服务水平

全面实施"五个一工程"，提升政府管理服务效能，构建起政府、企业、民众共建共享的政务体系。其中，一窗通办，南海区标准在全省推广，与广州市荔湾区在全国首创行政审批服务"跨城通办"，企业投资建设项目联合审批流程缩短了 111 天，申办材料减少了 133 份。一网通办，网上办事大厅进驻率为 100%，三级深度事项占比为 67.67%，服务时限平均缩短 53.89%。一线通办，政民互动渠道深度和服务效率不断提升，服务范围全面拓展，截至 2016 年年底，"南海民声"热线共受理服务诉求 93 450 件，成员单位按时办结率为 99.99%，承接市"12345"热线平台工单 43 780 件，成员单位按时办结率均高达 99.99%，超时办结回复数对比去年下降了 99.8%，解决率达 99.59%。一端通办，自助办事全面提升，实现"南海政务通"微信平台全流程办事，将微信平台融入社会治理网格化平台，拓宽群众参与社会治理的渠道，构建起"人人都是网格员"的良好局面。一格通办，网格治理全面铺开，实现社会治理网格化全覆盖，截至 2016 年年底，网格化平台累计发现问题事件 30 多万件，办结率达 98.9%，构建全区统一指挥调度平台，实现社会治理网格化平台与数字城管系统互通共享、案件处置流程对接。

2. 惠民领域融入"互联网+"应用成效大

2016 年，重点在医疗卫生信息化领域和教育领域加强了"互联网+应用"，大大提升全区市民的获得感。在医疗卫生方面，一是以全员人口信息系统为基础，实现了人口数据共享。二是开展南海区居民健康档案系统三期工程的建设，实现就诊记录资源共享、数据挖掘、完善现有功能及业务扩充、构建健康档案标准数据集。三是开通全区微信预约挂号平台"南海移动医疗"，统一全区 15 家公立医院挂号源，为市民预约就诊提供便利。四是开展全区公立医院的免费上网等信息惠民工程，全区 15 家公立医院已全部完成无线局域网（WLAN）的基础建设，全区累计开通 AP 数达 1 353 个。在教育方面，以教育综合改革需求为导向，布局教育信息化应用，推进研究"电子书包""朝阳学堂""视像中国"等项目。一是推进"智能课堂（电子书包）"实验项目，组织实验学校进行"基于电子书包应用的个性化教育模式研究"课题的研究工作。二是南海区网络学习空间人人通工程实现全员实名注册。以西樵为试点，开展"朝阳学堂"应用培训和推进。三是"视像中国"已经形成了远程课程、远程活动、文化交流三大内容版块。营造清新高雅、健康文明的校园文化氛围，激发各项目学校师生读书的兴趣，探求中华文化经典。

3. 数据共享管理规范工作取得初步突破

为规范政务数据共享管理，推动政务数据有效利用，在国务院《政务信息资源共享管理暂行办法》的基础上，明确政务数据共享的范围、原则、方式及职责分工，规定数据共享的流程，强调数据安全保障和数据质量要求，出台了《佛山市南海区政务数据共享管理办法》。对资源目录平台进行升级优化，实现全区政务数据资源的集中管理，解决政府部门之间政务数据资源共享的难题。截至 2016 年年底，共收集了 77 个部门的数据，1 443 个数据表，18 326 个数据项，5.19 亿条数据记录。资源目录平台已经成熟应用在南海区重大综合应用系统中，如法人平台、自然人平台、信用南海、网格化社会治理、图识南海等项目。四大基础数据库和各类专项数据库建设成效不断提升，其中企业法人库成效显著，实现全区 19 万家企业"一企一档"，突破了国内普遍存在的数据条块分割的难题。建设全区统筹政府数据开放平台——"数说南海"，平台主要有数据目录、数据应用和互动交流三个功能，初步开放270 个数据集共 15.2 万个数据记录，涵盖了生活服务、企业服务、城市建设、劳动就业、医疗健康、政府机构和社会团体等 17 个主题，涉及 46 个部门单位。从 2014 年 8 月 13 日推出以来，注册用户账号有 2 252 个，页面浏览总量为 10.25 万次，数据下载总量达 32 121 次（截至 2016 年年底）。

（三）顺德区推进"城市升级转型"，大力打造和谐共享幸福顺德

1．对外服务融合良好

多措并举，借助互联网思维，落实惠民服务实事工程效果佳。建设审批事项管理系统，实现对全区 1 488 项审批事项的电子化管理，建设网上审批服务大厅，集中全区具有审批职能的 24 个单位的审批业务，整合各级各部门提供的网上办理审批服务网站近 70 个。建设基于互联网、智能手机、自助设备三位一体的便民服务综合信息平台，为网上办事大厅"市民之窗"及顺德综合信息服务自助终端、"顺德百事通"APP 等提供统一的接入平台。截至 2016 年年底，发布行政审批事项和办事进度查询、交通违章查询和办理等各类应用 28 个。建设以政务网站、微博、微信为基础的政民互动平台，构建以"幸福顺德"为核心，集合 21 个区直机构、67 个镇街机构及 9 个其他单位的官方微博平台。截至 2016 年年底，"幸福顺德"新浪平台和腾讯平台关注量分别为 29 976 和 92 043 个。基于"12345"热线，开通全区统一的政府咨询和行政投诉平台，整合包括社保局、卫计局、市监局和环卫局等话务量较大的部门热线共 56 条，包括 35 项业务已整合到热线平台，区纪委的"四风"热线也纳入其中，电话渠道服务受理总量为 194 073 人次，新媒体渠道服务受理总量为 36 465 人次，即时答复率为 94.7%，通过自动语音采集市民对政务服务热线的整体服务素质满意度为 99.49%。

2．特色街镇百花齐放

坚持"宜创、宜业、宜居、宜游"理念，建设多个城产人融合的特色小

镇。重视科技创新，排名全省首位的"智造小镇"——北滘镇，全镇高新企业共35家，经认定依托企业为主体建立的工程技术研发中心30家，设立了美的、精艺、广东工业设计城和碧桂园4家博士后工作站。助力农业升级，陈村镇开发基于物联网的花卉职能喷灌系统，将达成喷灌机械化、自动化和智能化，以实现花卉信息的跨省传播和共享。注重企业技改，伦教镇举办"第五届江西南康木工机械博览会"等会展，引导企业加强对产品的数控化和智能化的升级改造。发挥产业优势，龙江镇在产业上扶强做大家具行业的平台型龙头企业，与德国Acon银行达成合作协议，全面打造体现"互联网+龙江镇政务社情+百姓民生福祉+社会管理进步"的"智慧龙江镇"公共服务平台。借助区位优势，乐从镇将佛山新城作为自身对外开放的首要门户，把南部的北围片区作为"乐创小镇"来打造，聚集高端人才和研发机构扎根创业，建成顺德生物医药科技等产业发展的新引擎。

3. 产业发展独占鳌头

产业载体丰富，企业培育发展与招商引资成效显著。拥有顺德智能制造解决方案云平台、顺德中小企业信息化服务云服务平台等"行业云"和"企业云"，截至2016年年底，注册用企业数达500余家，用户数达2 000个，收费企业数达200多家，收费用户数达1 000多个，续费率为90%。两化融合发展良好，新增1家国家试点企业、20家省试点企业，累计有6家国家试点企业、35家省试点企业。智能制造蓬勃发展，2016年已新增70家规模以上工业企业开展"机器换人"，全区已超过130多家规模以上企业应用机器人，顺企全年购置工业机器人超过1 500台套，投入超过6亿元，全区企业开展的重点智能制造项目超过180项，投入近652亿元，年内引入超过20家机器人集成商。电子商务规模不断壮大，全年顺德区电子商务交易额约1 500亿元，增长约30%。全区累计51家次电商企业获评广东省电商企业100强，总数量排全省第二。新建南方医科大学科技园、广东顺德医疗大数据产业园等四个科技创新平台，共建国家级创新平台11家，包括重点实验室3家，企业技术中心 8 家。

（四）高明区深化新型城镇化建设，正以崭新姿态于珠江西岸崛起

1. 政务服务各项内容进一步完善

"三率一数"推进事项服务优化和网上办理，完善网上审批服务，促进线上线下相融合。截至 2016 年年底，网上办事大厅可办理行政审批和公共服务类事项 1 324 项，进驻网上办事大厅的单位共 37 个，全部事项均实现网上二级及以上深度接入。推广市民之窗自助终端，建设 24 小时自助服务区，全区共配置 60 台自助终端，遍布区、镇行政服务中心、公共场所及 43 个村（居），集成各部门的审批、缴费、打印表单等 45 项功能，已办结业务 82 572 宗。并针对溢达厂区人流密集（沿江路两厂区共约 2 万工人）的特点，于溢达厂区休闲区布设 1 台"市民之窗"终端机。

2. 智慧旅游模式创新成效明显

一是通过提高旅游网站、微信的使用率，充分发挥新媒体的宣传推广作用，主动发布高明区"一日游""两日游"线路、特色小吃等旅游相关图文信息。二是推进旅游与其他产业融合发展，建成了以海天娅米的阳光城堡为代表的智慧工业旅游项目，优化了高明区产业构成。三是将城市整体形象作为资源进行推介，吸引了包含美的·白鹭湖国际生态旅游度假区、深步水综合旅游度假项目在内的 10 个旅游文化产业项目。四是推出"高明旅游"APP，市民可根据自身旅游需求，点击相应板块，获得全面的旅游信息及游玩攻略，并通过为游客定制旅游路线，把高明区景点整体打包推广，提高旅游品牌的知名度与美誉度。

3. 智能农业各平台应用实效显著

以平台建设和体系构建为抓手，深化生产流程各项应用功能，全力提升农业信息化水平。一是建成高明区农产品质量可追溯网络交易平台，已有18家较大规模的企业应用溯源平台进行二维码可追溯管理，涉及生鲜、加工产品70多个，部分"菜篮子"接入广东省农产品追溯系统，实现二维码追溯。二是开展动物标识及疫病追溯体系建设，凡出栏猪牛羊均佩带动物标识，并上传防疫及追溯信息至农业部服务器。2016年以来，共上传二维码耳标信息30.71万条、免疫信息79.22万条。三是基层农技推广服务云平台，全区云平台农技宝用户有300人，为农户随时随地提供高效的信息化服务。四是建设农信通信息发送平台，用户达1.4万人，覆盖种植、水产养殖和畜禽养殖的种养户。截至2016年年底，共发送农业技术、天气预报、法规知识和供求数据等信息64.5万条。

（五）三水区强化创新发展驱动，现代生态智慧城市建设成效凸显

1. "互联网+政务"成效显著

推进网上办事大厅建设，网上深化率、网上办理率、网上办结率等"三率一数"显著提高。截至2016年年底，实现全区100%审批事项网上办事深度达一级以上，95%达二级以上，50%达到三级。到现场次数不超过3次，逐步实现申请人与政府"少接触"甚至"零接触"。对区行政服务中心的中心城区大厅进行升级改造，形成了1个区中心城区大厅和7个镇街大厅的"1+7"行政服务全城通办体系，"一门式"运行至今（截至2016年年底），受理业务29.5万多件次，办结率达95%以上，满意率为99.99%。即办件业务比例由改革前的不到30%，迅速提升到55%，行政效率得到有效提升。提升微信公众号的应用功能，实现微信预约、微

信取号、实时叫号、办事流程查询等功能，让群众更加方便快捷地办理事务。

2. 信息化手段助力产业发展

活用"互联网+"思维，以信息化手段助力产业发展为目的，开发基于农业生产的服务型 APP。搭建农业电子商务综合服务平台，通过积极开发与推广"有田友地"农业 APP，向生产者提供农业技术指导、销售价格指导，向农用产品商家提供线上销售渠道，帮助农产品收购商建设农产品竞价交易平台。截至 2016 年年底，该 APP 在南山镇服务了 93 户农户，其中种植户 75 家、面积约 1 200 亩，水产养殖户 18 家、面积约 450 亩，产值超过两千万。凭借微信公众号、电子商务等宣传方式，有效带动了"十里水果长廊"的品牌推广，提高农户收入。通过"互联网+"，借助智能手机普及与 APP 发展迅猛的势头，对传统农业进行改造，有效减少行业中间环节，使信息更加透明化，有助于保障农产品安全，提高农资产品使用效率。

3. 产业贡献步入"千亿时代"

营造招商引资和企业服务氛围，打造"广佛创智之城、岭南水韵胜地"。积极推进智能制造类产业的招商引资工作，通过举办百亿投资签约暨企业服务项目推介活动，18 名投资商代表分别与三水区签订投资协议，其中 18 个项目投资额均超过 1 亿元，协议投资总额达 121 亿元，涉及智能制造、现代服务业（文化旅游）、企业总部和传统制造等行业，为三水区壮大产业集群、产业转型升级、提升城市价值注入了强大动力。此外，三水区着力帮助企业实现较低发展成本的要求，依托成熟的制造业产业优势来加速科技成果的落地孵化，并且大大提高企业的创新效率，降低创新成本。三水区在 2016 年 GDP 近 1 100 亿元，工业总产值为 3 168.38 亿元，已达到地级市级别的体量。

四、"智慧佛山"建设经验与启示

2016 年，佛山市秉持"创新、协调、绿色、开放、共享"五大发展理念，积极践行"敢为人先、崇文务实、通济和谐"的佛山精神，坚持"统筹协调、创新发展、融合发展、开放合作"的模式，不断深化、创新智慧佛山建设，在信息基础设施、政务服务、产业发展、民生服务等方面呈现出佛山特色。本书通过总结、归纳 2016 年佛山建设智慧城市的经验和做法，以期为未来智慧佛山建设提供参考。

（一）坚持统筹协调，推动一市五区联动、集聚发展

相比其他城市通过统一机构建设运营或统一规划等方式推进智慧城市建设，佛山市结合"两级政府、三级管理"的体制架构，通过"市级适度统筹，区级建设为主"的方式推进智慧城市建设。通过理顺智慧城市建设中市、区、镇（街）各层级的定位与职责，充分调动各级积极性，使智慧佛山建设形成合力和确保市级宏观规划研究、指导监督能够贯彻落实。在市层面，一是连续六年开展佛山智慧城市建设评估工作，通过总结、推广佛山市及五区的智慧城市建设成果和经验，推动五区智慧城市建设"比学赶超"发展。二是根据《佛山市信息基础设施三年建设实施方案（2015—2017 年）》，制定并落实全市信息化建设 2016 年工作方案。三是重点抓好统一的政务云、数据库、信息资源共享平台、数据开放平台、政务信息资源共享管理制度等工作，着力提升信息资源的整合

共享及开发利用。四是根据各区特点，强化对各区产业布局和产业发展的指导。在区层面，五区结合各自实际情况和发展水平统筹开展智慧城市建设，2016 年，禅城区探索建立"一局、一中心、一公司"的组织体系、制定《佛山市禅城区信息化建设项目管理办法》，南海区启动《佛山市南海区政务数据共享管理办法》的制定工作，顺德区出台《顺德区智慧城市发展规划（2017—2020）》，高明区制定《2016 年高明区智慧城镇研究工作方案》和探索成立高明区智慧城市产业合资公司，三水区重点打造全区大数据基础平台。

（二）坚持创新发展，着力推动智慧佛山建设新突破

在智慧城市建设中，佛山市积极发扬"敢为人先"的佛山精神，敢于解放思想、敢于创新进取、敢于有作为。一是以建设国家创新型城市为契机，把建设面向全球的国家制造业创新中心作为目标，大力实施创新驱动发展战略，通过构建一系列创新体系和创新工程，推动产业和城市发展的"双转型、双升级"，2016 年佛山国家高新区获批创建珠三角国家自主创新示范区，工业技术改造投资总额稳居全省第一，高新企业数量较 2015 年增长 93.6%，美的成为全国供给侧结构性改革先进典型。二是坚持发挥改革先行优势，在信息基础设施、数据共享、智慧政务、智慧民生和产业发展等重点领域大胆推进改革创新，打造智慧佛山新模式，佛山市在全国率先探索"一门式"政务服务改革并得到国家和省一级的肯定，率先在全国实现居民电子病历、健康档案、健康卡的融合、应用和共享，安全生产"五个重大突破"经验在全省推广，顺利成为创建国家食品安全示范城市试点，南海区、狮山镇成为国家新型城镇化综合试点。

（三）坚持融合发展，积极探索智慧佛山发展新模式

自 2010 年佛山市推进智慧城市建设以来，四化融合、产城融合、产城人融合、两化融合等词成为佛山市发展的高频词，融合发展是智慧佛山实现创新发展、转型升级的着力点。一是牢固树立"创新、协调、绿色、开放、共享"的发展理念，推动"产城人"融合发展向"城产人"融合发展转变，将"以城市为引领、以人为本、产业高端化"等内涵融入智慧佛山建设中去。二是推动"城产人文"融合发展，积极推进"产业有特色、形态有特点、功能有特长、风格有特征"的特色小镇建设和培育工作，其中顺德区北滘镇入选广东省首批"互联网+"创建小镇。三是坚持"金科产"深度融合，佛山市响应"大众创业、万众创新"浪潮，启动建设广东"互联网+"众创金融示范区、创新创业产业引导基金等，通过积极引导金融资源与科技资源有效对接，引导金融资源和产业链、创新链和资金链协调发展，加速金融科技产业融合发展，推动佛山产业转型升级。四是坚持信息化与工业化融合发展，制定《佛山市"两化"融合工作方案》，深入推进两化融合贯标工作，持续提升企业信息化水平，促进物联网、云计算、大数据等新技术新应用驱动的新兴业态发展。

（四）坚持开放合作，积极拓宽智慧佛山发展新空间

"通济和谐"是佛山精神的美好蓝图，也体现着佛山开放兼容、共同发展的信念。在智慧城市建设和产业发展方面，佛山秉持"通济和谐"的精神，通过强化国内外合作、区域合作等推动智慧佛山的开放合作发展。一是扩大对外开放合作，深化与"一带一路"沿线国家经贸、科技和文化合作交流，引导企业参与"一带一路"建设，举办 2016 中德对话论坛、"中国制造 2025"对话德国"工业 4.0"大会等重大活动，加快从

德国及欧美等先进国家"引制、引智、引资"步伐。二是强化区域一体化发展，推动粤桂黔高铁经济带沿线城市在产业、环保、旅游等合作发展，举办第二届珠江西岸先进装备制造业投资贸易洽谈会，落实粤港合作协议并成功举办2016香港·佛山节。三是推动广佛同城化发展，与广州共同编制和实施《广佛同城化"十三五规划"》，推动两地基础设施共建共享、产业发展合作共赢、公共事务协作管理，发挥南海区、顺德区、三水区的地缘优势，推动广佛深度合作发展。

五、"智慧佛山"建设面临的形势

（一）国家推动新型智慧城市建设，为"智慧佛山"建设提供新思路

"十三五"是我国建设小康社会的决胜阶段，建设新型智慧城市是贯彻落实新理念的重要实践。当前，国内智慧城市总体建设水平依旧偏低。尽管有不少城市在智慧城市建设的某些细分领域取得不俗成绩，但由于欠缺成熟的、可行的实施措施或顶层规划，智慧城市建设正面临整体步伐停滞或发展同质化的问题。新型智慧城市是实现可持续发展的新路径、新模式、新形态，其以信息惠民为核心，全面推进新一代信息技术与城市发展、融合及创新的新理念，为国内智慧城市建设注入活力，并给智慧城市群指明发展路径——以体制机制改革和政策制度创新为动力，以解决智慧城市发展中的瓶颈制约和突出问题为抓手，围绕群众广泛关注和亟待解决的民生实事，利用信息资源和新一代信息技术手段丰富和创新惠民应用，逐步消除社会服务不均衡和不便捷的问题，为最终建成宜居、宜业、宜创新的新型智慧城市群奠定理论基础、释放政策红利、营造良好环境。

（二）构筑粤港澳大湾区世界级城市群，为科创交流带来新机遇

在佛山市"2017年十大工作任务"中，"'一带一路'战略引领，提升开放型经济水平"榜上有名，旨在发挥以广佛同心携手打造珠三角湾区世界级城市群核心为引领的作用，推动广佛同城化，逐步形成突破行政壁垒、畅通

交通运输、协同科技创新、促进文化交融、达成民生共享、加速人才流通、实现产业合作的一体化格局。随着各方面的深度交流，智慧城市建设步伐将逐渐体现一体化、共享化、开放化等特征，尤其是科技创新交流活动将盛况空前，这得益于广佛同城环境下建设广州大学城卫星城的总体构图，其中，佛山市得益于区位优势，在其体系下架设出一条连接广州科学城、大学城和顺德北部片区的"科技创新走廊"，将使得佛山市在推进新型智慧城市建设过程中，更高效、更便捷、更深入地交流及获取新理念、新经验和新技术成为可能。

（三）"城产人文"理念的不断深入，为特色小镇建设提供新契机

自从在 2016 年佛山市"两会"上提出围绕"城产人文"四位一体，建成一批"产业有特色，形态有特点，功能有特长，风格有特征"的特色小镇以来，人文型智慧城市理念被更为深入地融入"智慧佛山"的建设体系当中。佛山市是岭南文化和广府文化的发源地之一，独具岭南山水人文风情的小镇实属不少，"城产人文"理念的提出，使得以特色小镇建设为发力点、注入"四特"内核与人文精神的智慧佛山发展路径得以铺开新篇章。朱伟市长指出佛山市特色小镇要打造三个圈层——以三水区北部—高明西部—顺德南部为拓展圈层，打造一批"文旅小镇"；以里水—狮山—龙江镇为联动圈层，建设一批"高新小镇"；以大沥—禅城—北滘镇为核心圈层，打造一批"科创小镇"。这为特色小镇在"小空间"实施"大战略"，逐步为融合产业、文化、旅游、生活等功能的智慧城市重要发展载体提供了崭新机遇。

（四）网络和信息安全威胁日渐增大，为智慧城市建设带来新考验

随着物联网、云计算、新一代信息技术及大数据在各智慧城市领域的渗

透和应用，佛山市已初步构筑形成存储和运作海量民生、政务、经济等数据的城市信息化系统，而这可能为智慧城市建设过程中带来一系列新型安全隐患——基础设施安全、终端接入安全、核心技术安全、民生领域信息安全和城市大数据安全等，尤其在涉及政务服务方面，随着佛山市"一门式一网式"的深度改革和服务扩增，必将面临政务数据的安全问题。其主要有两个方面的挑战：一是完善信息安全制度及组织保障体系，这将面临对政府、企业、社团和个人四个层次的体系构建难题，多变的人员架构、信息内容和规范要求将成为主要症结；二是研发适应当前信息安全新形势的技术与产品，强健物理、网络、主机、应用、终端和数据几个层面的信息安全技术，佛山市尚在征途。

（五）智慧城市的硬件设施负载过重，对智慧佛山建设提出新挑战

佛山市智慧城市建设起步较早，早期服役的智慧城市硬件设施，如机房、信息传感和智能视频监控设备等，目前的数量和质量已很难满足智慧城市的建设需求，尽管佛山市每年均在直接支撑智慧城市建设的硬件设施上投入了大量的人力、物力和财力，但仍存在不少可用于支撑智慧城市建设的计算及存储资源处于分散管理或闲置状态，造成硬件设施使用费用高、资源利用效率低、缺乏安全保障，同时增加了现役硬件设施的负荷，加大了运维和管理的难度。佛山市缺乏全面可靠的全市统一的硬件设施投入规划及管理办法，因此，在未来该如何更好更快地统筹推进电子政务云建设、制定财政投入规划和建立统一运行机制等工作，这些都对佛山市管理智慧城市硬件设施提出了挑战。

六、国内智慧城市建设先进经验借鉴

（一）深圳市

2016 年，深圳市扎实推进智慧城市建设，大力提升信息化能力和水平，以信息化推动城市治理体系和治理能力现代化，致力于成为新型智慧城市标杆。深圳市在现有发展基础上不断探索，不断创新，在全国智慧城市建设中领先一步，为其他城市提供宝贵经验。

1. 布局医疗大数据，践行"互联网+"模式

在民生服务上，深圳市大力实施信息惠民工程。按照"以人为本、服务导向"原则，综合利用移动互联网、云计算、大数据等技术，加快整合民生领域服务内容，实现全程全时全方位服务，提升公众幸福感。在推进医疗信息化方面，深圳市卫计委一直强化卫生计生信息化顶层设计和整体布局。经过多年的发展，深圳市区域卫生计生信息化建设效果初步呈现，逐步实现信息互联互通和业务协同应用，为大数据应用打下了坚实基础。深圳市已初步搭建了区域卫生计生信息化主题框架，建成了以居民电子健康档案为核心的卫生计生信息平台，开发了一系列满足医疗、公共卫生、计生业务所需要的信息系统，同时注重全市各单位的信息安全等级保护能力建设，在此基础上实现了全市公立医院与公共卫生机构的业务数据汇集，建立了拥有 1 500 万份居民电子健康档案数据库、全员人口信息库的市人口健康数据中心，初步实现了基于电子健康档案的医疗业务数据互联互通和信息共享。

2015 年，深圳市卫计委区域卫生计生信息平台申请了国家卫计委互联互

通标准化成熟度测评 4 级甲等测评，得到测评专家充分认可，认为该平台业务处理与协同应用能力已处于全国领先水平。此后，深圳市再接再厉，进一步完善顶层设计，制定建设方案，力图打造出完善、先进、高效、安全的深圳市人口健康信息化体系，实现"广覆盖、立体协同、智慧应用"。

此外，深圳市同样致力于医疗服务便民惠民建设，在网上预约、分诊、远程医疗、检查检验等方面取得了较好成效，在互联网医疗方面的发展受到全国卫生系统的广泛关注和借鉴，并成为国内网络预约挂号量最大的城市。同时，在医疗大数据惠民方面，深圳市也做出了较大努力，一是积极开展大数据课题研究，探索医疗大数据便民应用。二是开展大数据专题研究，提高疾病管理能力。三是发布流感指数，方便市民预防流感。

2. 秉承低碳城市理念，建设资源节约型和环境友好型城市

在我国乃至全球都在提倡低碳经济的大环境下，深圳在打造"智慧城市"的过程中，不断将低碳城市理念纳入建设中。深圳市政府坚持在规划建设、低碳产业、公共交通、绿色建筑、资源利用等方面不断改革创新，率先建设资源节约型、环境友好型城市。为此深圳市狠抓三点。

首先，突出节能减排，降低资源环境代价。制定低碳发展规划，实行严格的节能减排准入管理，重点推进工业、建筑和交通运输领域的节能减排工作，把环境容量和污染物排放总量指标作为产业发展布局的重要依据，形成以环保促发展方式转变的倒逼机制，并加大研发投入，优化能源结构，建设绿色电网，引导全社会树立低碳理念，形成绿色生产生活方式。

其次，突出环境治理，改善城市人居环境。深入开展水环境和大气环境的综合治理，全面完成深圳河、观澜河、龙岗河、坪山河干流综合治理，逐步修复河流生态系统，改善大气环境质量，率先实现垃圾全程分类收集处理。到 2015 年，深圳市集中式饮用水源地水质达标率为 100%，中心城区污水处理率为 95%，空气质量优良天数为 360 天以上，城市垃圾无害化处理率为 95%。

最后，突出生态建设，维护城市生态平衡。完善生态补偿机制，严格保护基本生态控制线，构建"四带六廊"生态安全体系，新建森林公园 11 个、社区公园 50 个，建成绿道网 2 000 千米，形成覆盖全市、彼此联通的自然生态系统、城市公园系统和慢行交通系统，让市民享受到更多的绿色福利。

在打造低碳绿色的宜居环境上，深圳市通过新型智慧城市建设，强化信息技术在城市资源管理和节约利用等方面的应用，提升城市获取、控制和转化资源的能力，针对深圳发展面临的急切、重大难题，重点推进环保、水务、土地、能源、交通、城管等领域智慧化建设，夯实城市发展基础，实现城市低碳绿色发展（见图 18）。

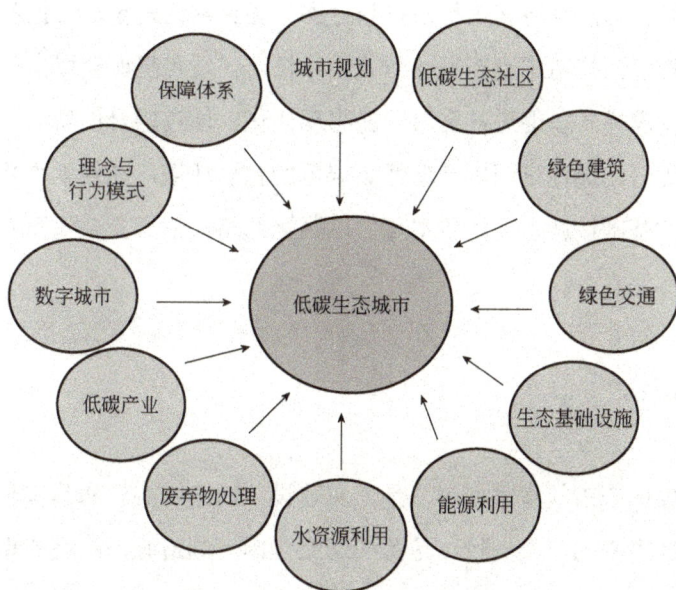

图 18　低碳生态城市建设

3. 不断创新，努力打造新型智慧城市标杆市

根据深圳市第六次党代会要求，深圳市要打造国家新型智慧城市标杆市。"智慧深圳"绘就的未来蓝图——从政府、公众、企业和城市四个角度提

出了新型智慧城市的发展愿景：对政府而言，通过大数据应用，鼓励多元参与，打造科学决策、现代治理的政府。对公众而言，新型智慧城市提供所愿即所见、所想即所得，全程全时、透明化的服务。对企业而言，通过"互联网+"的创新应用，打造一个大众创新、万众创业的创新环境，成为信息经济发展高地。对城市而言，新型智慧城市建设将促进城市的低碳绿色和可持续发展，城市运行管理更加科学精细。

下一步，深圳将以提升城市综合竞争能力和可持续发展能力为出发点，以改革创新为动力，以服务民生、促进社会治理能力现代化为重点，充分利用互联网与大数据技术，大力拓展互联网与经济社会各领域融合的广度和深度，加速培育信息经济和信息消费新业态，强化网络安全，发掘和释放数据资源潜在价值，打造国家新型智慧城市标杆市。重点抓好全程全时的民生服务，创新管理模式以促进社会治理能力现代化，通过融合创新来争创信息经济发展新优势，优化资源以打造低碳绿色的宜居环境，加强集约共享以搭建互联互通的基础设施，突出自主可控以强化网络与信息安全保障六个方面的工作。

（二）上海市

创建面向未来的智慧城市，是上海建设"四个中心"和具有全球影响力的科技创新中心的有效支撑，是落实网络强国、制造强国战略的重要保障。2016 年 9 月，上海市人民政府发布了《上海市推进智慧城市建设"十三五"规划》。上海市智慧城市建设基本完成了行动计划明确的各项目标任务，上海信息化整体水平保持国内领先，在移动通信、民生应用等领域正在迈入世界先进行列。

1. 着眼于便捷高效，推进涵盖各领域的智能应用

在以智慧社、智慧园区等智慧城市新地标为核心，重点领域应用体系与

载体建设稳步推进的同时，上海市有一大批智慧便民服务得到了广泛普及，在有效改善居民生活品质的同时，也增进了居民对于"智慧城市"的体验感受。在智能交通方面，截至 2015 年年底，以公交运行动态信息预报为主，全市实现电子公交站点数覆盖超过 7 000 个；共实现近 500 个公共停车场（库）的系统联网。在智慧医疗方面，累计已实现超过 400 家医疗机构的"上海健康信息网"联网；信用信息服务平台区县子平台覆盖率达到 100%。累计接受法人信息查询 377 万次，自然人信息查询 1 194 万次，查询参与度在全国首屈一指。

从市民诉求和企业关注的热点出发，上海市着力推动数字惠民、智慧城管、两化融合和电子政务行动，初步实现智慧城市建设应用领域全覆盖。数字惠民领域，围绕市民"医食住行文教旅"智能化服务，推进智慧城市成果全民共享。智慧医疗领域，上海市实现了市区及医联等多平台互联互通，动态采集维护 3 000 多万份健康档案。建立统一的食品安全投诉举报热线，办理时间从 30 天缩减到 19 天，在 50 个社区和 5 个行政村试点开展以生活服务、智能家居等为重点的"智慧社区"和"智慧村庄"建设。智慧城管领域，上海市推进城市建设与管理并举，将信息化全面渗透到中心城区升级改造和郊区新城规划建设中。网格化管理模式从城市建设向综合管理拓展，有效推动大联动、大联勤，公共交通综合信息服务渠道向移动网络拓展，ETC 建设基本覆盖全市主要道口。两化融合领域，上海市全面推进信息化在产业各领域的渗透应用，促进传统产业向高端化、服务化、绿色化发展，两化融合指数从 2013 年的 80.4 提高到 2015 年的 95.54，上海电子商务发展能级不断提升，2016 年全年交易额首次突破 2 万亿元大关。

2. 着眼于新兴高端，加快新一代信息技术产业发展

上海市以推动战略性新兴产业发展为抓手，围绕新产业、新技术、新模式、新业态，加快信息产业由大变强，产业转型升级不断加快。作为"中国软件名城"，上海市高端软件取得快速发展，在操作系统、数据库、中间件等方面形成完整产业链，集成电路设计水平大幅度提升，产品应用到移动智能

终端、数字音视频和北斗卫星导航等领域。建设国家云计算创新服务试点城市，深入实施"云海计划"，金融云、中小企业服务云等示范项目进展顺利，物联网在水质监测、智能消防、环境监测、公共安全和智能照明等方面试点应用。此外，上海市着力营造产业发展环境，出台了鼓励软件产业和集成电路产业发展的若干专项政策，通过组建产业技术和标准联盟，推动产业链上下游企业联动发展，通过园区基地建设，加快企业集群发展。上海市积极培育龙头骨干企业，出台支持企业做大做强的专项政策，通过组建产业并购基金等方式，鼓励企业兼并重组。

2015 年 10 月底，国内首个道路智慧灯杆一体化试点工程在上海落地，开始向市民提供服务。此次试点在大沽路安装的智慧灯杆搭载了充电桩、高清网络球机等多种设备，市民可以通过手机终端预约，到指定位置上充电。高清网络球机连接户外广播、语音对讲设备，如遇紧急情况，按下灯杆上的求助按钮，就可与求助中心人员进行视频通话。灯杆上的 WiFi 设备实现了该路段的无线网络全面覆盖，市民通过上面的触控屏可直接查询信息，有关政府发布的新闻、示警、公告等也会通过触控屏显示出来。此外，灯杆还拥有空气质量检测等功能。未来该智慧灯杆还可根据现场需要，进一步加载 RFID 电子标签、停车收费表、交通指示灯、道路指示牌、停车收费指示牌乃至网络专车信息屏等模块，具有高度的功能可拓展性。

3. 着眼于可信可靠，提升网络安全综合保障能力

围绕可信可靠的区域信息安全保障体系，上海市开展了信息安全保障工作，安全防护水平与综合保障能力显著提升，全民信息安全意识普遍提高，城市信息安全态势总体可控。一方面加强重点领域监管。调整完善重点单位的信息安全责任制，组织开展重点领域网络安全检查，落实等级保护、安全测评等基本制度，完成市级网络安全应急预案的修订，开展重点网站的监测预警，完善应急保障体系，深化石化、钢铁、轨交等行业试点成果，初步形成工控系统安全监管模式。另一方面优化网络环境建设。围绕网络欺诈、虚

假信息等热点问题，开展网络空间专项整治，落实手机实名制，加强个人信息保护，推进官方网站认证、假冒网站发现与阻断等平台建设，加大对网络违法犯罪行为的打击，加强伪基站与黑电台的整治力度，在国内率先举办信息安全宣传活动周和技能竞赛，加大对社会大众安全意识的宣传普及。

（三）杭州市

智慧城市提出后，各地都在积极努力跟上脚步，发展智慧城市，为了给市民营造一个更加智能方便的生活环境，每个城市都在竭尽所能。今天的杭州也与时俱进，正在发生着深刻的改变。无论是在全国率先免费开放 WiFi、在医院推行"先诊疗后付费"，还是"智慧政务""智慧旅游""智慧社区"等智慧运用的蓬勃发展，杭州都走在了全国城市智能化的前列。

1. 机器人保姆入住养老院，实现智能"远程医疗"

2016 年 5 月 24 日，浙江杭州市社会福利中心来了五名叫"阿铁"的机器人保姆，这是杭州市首批入驻养老机构的智能养老机器人。这批机器人由杭州一家科技公司研发，身高 0.8 米，重 15 千克，充满电后可待机 72 小时，管理人员可以通过手机客户端或机器人外壳的触屏指挥机器人为老人提供服务。智能养老机器人已具有智能看护、亲情互动、远程医疗等多种智慧养老服务功能，还能化身可移动电视，给老人解闷。不久的将来，"阿铁"还会具有"智能监测"功能，老人只要戴上智能手环，"阿铁"就会对老人身体实时监测，并将数据同步给家属和签约医生，而且关于老人身体情况的信息、以往的体检报告，都会存在"阿铁"身体里，医生点点手机，就能追踪到老人的病情状况，这就实现了"远程医疗"。

2. 感知、智能、安全、完善的"智慧城管"体系

杭州市作为全国首批智慧城管建设试点城市，在智慧城管建设上做了很

多有益的尝试。比如构建智能化数字城管系统，优化数字城管流程，实现智能化案卷提醒和回复，增加部门之间的协同能力，基于"智慧城管"数据资源中心，开发自适应的数字城管智能分析评价系统，进一步提升数字城管考核评价的科学性。

智能化运维管理系统——增强数字城管系统软硬件运行状态的自动预警和动态感知能力。基于"智慧城管"数据资源中心，综合数字城管及其他各类城市管理信息系统运行数据，建立城市管理智能预警及分析决策模型，进行数据挖掘和分析，实现对城市管理难热点问题、城市管理指标及各类城市管理专题的智能分析、预警和决策。

面向民众的城市管理公共服务系统——以网站互动、微博、"市民通"智能手机应用等为载体，整合城市管理行政审批、人行道违停、公厕等各类城市设施地理分布及停车诱导等各类信息，提高市民在城市管理的参与度与互动性，随时掌握社会舆情。

城市街面秩序"智能管控"系统——基于视频预警和智能分析技术、GIS等技术，通过接入交警视频信息及沿街商铺、单位信息的采集建库，借助"城管通"执法终端，建立覆盖市、区两级的图文互动的城市街面秩序"智能管控"平台，提高城市日常街面秩序的管控能力及重大事件处置的反应能力。

智能化城市管理基础设施监管系统——基于"智慧城管"物联网平台，利用 RFID、传感器等物联网相关技术，对广告牌、地下管线、桥梁、河道、城市亮灯、犬类、环卫作业车辆、建设工地等城市管理对象进行智能化监管。

基于物联网技术的固体废弃物及餐厨垃圾处置监管系统——基于物联网技术，对固废监管系统升级和扩建，加强对固体废弃物的收集和运输过程的监管，建立餐厨垃圾的收集、运输、无害化处理和流向监管。

此外，被誉为"移动支付之城"的杭州，在 2016 年 8 月又新增了一项业务：通过支付宝买地铁票。它和之前公交集团在 506 路的 20 辆公交车上，试点开通支付宝直接刷二维码买票不同，它的购买方式和手机上买电影票差不多，手机上下单，凭二维码去现场取票。目前，沿线大部分站点都已经安装了取票终端机,并于同年 9 月中旬全面启用。更高级的是,杭州市民卡公司还推出具有杭州通卡功能的智能手环,所有杭州通卡的充值方式,无论是线上还是线下,都同样适用于手环;出行坐公交、地铁、租自行车、缴停车费都不用刷卡,举起胳膊刷刷手就可以了,该手环还具有监测心率、管理睡眠、计算卡路里等功能,堪称出行健康小助理。

3. 大数据打造"城市大脑",率先解决交通拥堵

2016 杭州·云栖大会上,杭州市政府推出"城市大脑"智慧城市建设计划,这座拥有 2 200 多年历史的古城将迎来智能时代。杭州"城市大脑"智慧城市建设计划的目标是让数据帮助城市来做思考、决策,将杭州打造成一座能够自我调节、与人互动的城市,包括阿里云、富士康、依图科技等企业参与建设。按照规划,"城市大脑"将首先把城市的交通、能源、供水等基础设施全部数据化,连接城市各个单元的数据资源,打通"神经网络",并连通"城市大脑"的超大规模计算平台、数据采集系统、数据交换中心、开放算法平台、数据应用平台等五大系统进行运转,对整个城市进行全局实时分析,自动调配公共资源。在杭州城区的部分路段初步试验中,"城市大脑"通过智能调节红绿灯,车辆通行速度最高提升了 11%。

(四) 北京市

2015 年,北京市根据智慧北京和信息化建设的总体要求,结合国家最新发展战略,在智慧城市建设方面实现了创新快速发展,在基础设施建设、核心业务信息化应用、信息安全保障等方面取得了突破性进展。

1. 构建高速、泛在、融合、集约的新型网络基础设施

北京市在新型网络基础设施建设方面可谓全国领先。"光网城市"基本建成,光纤到户覆盖家庭达 738 万户,固定宽带家庭 10M 以上用户占 60.3%,

家庭接入互联网带宽能力超过 20M，具备光纤接入能力家庭累计达到 805.26 万户。无线城市建设成效显著，实现重点区域 WLAN 全覆盖，3G 基站规模达到 2.3 万个，4G 基站规模达到 2.9 万个，全市移动通信用户达到 4 043.96 万户，其中 3G 用户为 1 889.28 万户，4G 用户超过 428.9 万户。"三网融合"成果显著，基本完成了城区有线电视双向网络改造，全市双向网覆盖达 460.8 万户，高清交互数字电视用户达 420 多万户，居全国城市之首。

电子政务网络建设保持引领，北京市建成了以电子政务有线专网和 800M 无线专网为基础的电子政务网络体系，完善了 800M 数字集群通信网，基站达到 380 多个。政务外网接入单位 7 400 余家，承载业务 300 多个，保障了 6 000 多个电子政务应用，建成政务物联数据专网，共建成基站 330 多个，室外宏站覆盖面积达 1 565 平方千米，覆盖北京五环内、石景山区主要区域及部分远郊区县主城区，五环路内网络覆盖率达到约 86.37%，基本具备了为物联网用户接入和提供服务的能力。

北京市统筹建设了市级政务云平台，形成总数超过 1 300 个标准云主机、220T 以上的存储规模，为接近 100 家各级政府单位提供服务。建成北京市政府数据资源网，汇集了 35 个政府部门的 255 类、共计约 22 万条地理信息数据，441 项软件信息服务业政策文件和 1 064 项文化创意产业政策文件。建成北京市政务信息资源共享交换平台，共接入了 79 个市级政务部门和 16 个区县，接入系统达到 172 个，支撑了 900 余项跨部门、跨层级信息的共享交换工作。在全国率先建成大数据交易服务平台，致力于为政府机构、科研单位、企业乃全个人提供大数据"交易服务"，盘活数据资产，实现数据资源的有效利用。

2. 现代化治理能力和互联网+公共服务水平实现双跃升

北京市现已初步完成 10 个城市安全运行和应急管理领域物联网试点示范工程，实现了对水、电、燃气等 12 个方面 316 项城市运行日常信息的监测和数据统计分析。建成全市实有人口管理信息系统和区县级实有人口管理信息系统，涵盖区域内的主要人口，实现了人-户信息关联、人-房信息关联。建成综合交通监测调度指挥体系，整合了 2 800 多项数据，接入 6 000 多路视频，服务能力覆盖 65%的公交车辆，6.66 万辆出租车、长途客运、旅游客运和危化品运输车辆。建成北京市食品安全监控系统，实现了 16 个区县政府和工商、质检、卫生、城管等食品安全委员会相关成员单位的信息资源共享。建成地下管线数据共享平台，实现管线数据信息共享与实时互查和实现从规划审批到实施运营的全流程管理。建成了 PM2.5 监测网络，覆盖全市的 35 个监测站点，并通过空气质量发布平台实时发布监控数据。

依托首都之窗建设网上政务大厅，北京市整合了 48 家单位的 2 400 项办事事项，涉及 11 个企业服务领域的 7 条服务链、12 个民生服务领域的 5 条服务链，全部事项提供了办事指南服务，近 1 700 项事项提供了表格下载服务，1 070 余项事项提供了网上申报服务，1 200 余项事项提供了办理状态查询服务，1 300 余项事项提供了结果公示服务。开通了"北京服务您"移动信息服务，完成了 28 家委办局、65 类政务信息的接入工作，共发送信息 1 万余条，近 24 万用户下载了客户端。丰富拓展了市民主页的各项服务，使服务接入量达到了 245 项，覆盖用户达到 1 000 万人，页面访问次数超过 1 100 万，独立访问用户数达到 427 万人。北京微博发布厅上线运行，开通 70 多个政务微博，粉丝 520 多万人。建成 1 033 个星级智慧社区，覆盖全市 40%的社区。换装 200 万具智能电表，整体采集覆盖率提升至 80%，构建"六位一体"智能互动服务平台，打造全方位互动服务新模式。

"221 信息平台"得到广泛应用，信息化在农业领域辅助决策支持和公共服务的能力进一步提升，"北京健康云"服务平台已对接 12 家穿戴终端设备厂商，辐射全国共计约 21 万人。中关村"创新云"发布，提供四大类 30 余种服务应用，云计算产业园迈入京冀协同共建新阶段，国电通张北云产业基地计划建成容纳 20 万台服务器规模的数据中心，北斗卫星导航应用 11 个示范项目顺利开展，北斗产业公共平台加快建设，平台的用户数达到 34 万户，北京元心科技公司发布了首个自主可穿戴设备平台和首款可穿戴设备、全金属的 Tick 智能手表,打造国产智能移动终端开放平台,并推出手机操作系统,推动北京市信息消费产品升级。跨境电子商务、互联网金融、互联网租车发展迅猛,北京市跨境电子商务公共信息平台、多家互联网金融平台建成上线,神州租车通过互联网实现了"汽车共享",服务网络覆盖全国。

3. 集组织、政策、机制、人力、技术为一体的信息安全保障体系初步形成

北京市紧密依据国家相关政策法规和相关精神,以及信息安全面临的形势和发展需要,在北京市党政机关信息技术外包服务管理、工业控制系统信息安全管理、政府网站安全管理、灾备中心管理等方面出台了一系列法规政策,为信息安全工作扎实推进提供了政策依据和保障。强化电子政务信息化项目全生命周期管理,进一步推进全市电子政务信息系统安全等级保护。健全和完善了应急保障体系建设,完成了北京市各委办局大部分重要信息系统容灾设施的引入和保护。对工业控制信息安全领域的信息安全专项进行了扶持,举行了北京市安全生产宣传咨询日活动。

北京市重要信息系统的同城异地灾备基础设施落成和投入使用,为北京市重要信息系统提供了集中容灾备份所需的机房、网络、电力等基础环境和基础运维保障服务,极大地提升了北京市重要信息系统应对灾难风险的能力,弥补了我市信息安全基础设施的不足。此外,北京市信息安全应急响应中心、测评服务中心、国家保密科技测评中心(北京市)分中心等信息、互联网舆情监控中心等的信息安全基础设施都得到了进一步地发展和完善。

持续开展政府部门信息安全员持证上岗培训工作,召开年度电子政务信息安全人员持证上岗培训大会,培训内容覆盖了信息安全保障体系建设、信息安全等级保护等相关内容,同时组织持证上岗考试,持续组织了电子政务信息安全持证人员的专项提高培训和新安全技术培训。加强北京市电子政务领域信息安全应急队伍建设,以政务信息安全应急处置中心为"核心",整合北京市信息安全优势资源,加强政治素质高、专业覆盖面广、技术力量强的

政务信息安全应急团队，为北京市政务网络与信息安全突发事件的应急处置工作提供了坚强、可靠的团队保障。

建立了以北京市信息安全专业队伍为依托，以相关国家专控队伍为支撑的长效合作机制的重大信息活动保障专业队伍，为党的十八大、APEC 会议、抗战胜利日阅兵等重大活动制定了详细的工作方案和应急预案，对相关信息系统开展了全面的安全性测试和 7×24 小时重点监控，建立了全天候待命的安全保障应急队伍，确保第一时间发现和迅速处置问题，保障了重大活动的顺利进行，积累了重大活动的信息安全保障经验。

4．3D 社区"智慧团结湖"，创造智慧家园梦

北京市团结湖社区通过"一刻钟社区服务圈"建设，形成了"一线、一网、一平台"的社会服务体系，开发应用七大智慧终端，让辖区居民享受到本地化、响应快、类型多、品质高的社区服务。

（1）团结湖街道智慧信息机。将距离较远的政府办事机构，以图、文、视频等多媒体形式展现到广大居民面前，通过多方视频互动交流，拉近了居民与社区、街道的距离。智慧信息机已覆盖街道所有社区、大型商场超市、邮局、写字楼等人员流动比较大的场所。智慧信息机自投放以来总点击量已达 500 万余次，日均点击量 8 000 余次。

（2）"智慧团结湖"手机平台。覆盖政务服务、公共服务、公益服务、便利服务、特色服务等内容。累计下载量约 1 万人次，活跃用户 2 000 余名，对促进居民社区自治、积极探索社会治理和社会发动新模式起到了积极推动作用。

（3）"微信、微博、微群"三微一体服务平台。三微平台与居民互动交流 15 300 余次，得到了辖区居民的高度认可。街道利用三微平台定时更新辖区内各项活动信息、便民信息，开辟了一条为民服务、与民互动的新通道。

（4）智慧网格与交通综合管理系统。在辖区易拥堵路段和区域投入电子感应监测设备，极大地提高了辖区交通出行的效率。系统由综合应用子系统、

信息服务中心和指挥控制中心三部分构成。综合应用子系统分为智慧网格采集系统、网格与交通监测系统、事件报警系统、人口特征比对系统、交通诱导系统、信息发布系统。

（5）智慧安防系统。可随时监控监测辖区安防情况，并与公安、应急等部门做到信息联动。一旦居民家中发生破门破窗事件，系统将自动向设定人发送警报。极大地增强了辖区居民的安全感，使地区治安水平得到了有效提高。

（6）"一号定位"系统。将辖区内1 769个线杆、电杆标号，与视频监控系统连接，居民可根据标号位置信息报警或者获取基于精确位置的服务。自安装使用以来，监控系统发现并处理环境卫生问题270余件，因火灾、车辆丢失、盗窃、民事纠纷等问题案件，派出所调取指挥中心监控录像20余次。

（7）"3D团结湖智慧家园"系统。建设了智慧家园服务平台、公共文化服务平台和公园文化漫游平台。自上线以来累计访问量已达11 000次，很好地丰富了辖区居民的文化生活，得到了大家的一致好评。

（8）"社会化"养老模式。北京市朝阳区团结湖街道在智慧社区养老建设中采用了社区养老服务管理中心和居家养老相结合的"社会化"养老模式，社区养老服务管理中心作为离老人最近的服务机构，可以在有需要的时候或是紧急情况下提供快速上门服务。这种实体服务作为智慧社区所提供的虚拟养老服务的补充，使得智慧养老服务体系更加完备，其中由政府先解决社区场地、平台资金等难题，运营主体利用线上线下融合、虚实养老管理服务中心互促互补的优势，深度整合智慧感知终端和渠道及养老服务资源，支撑老人的需求响应和资源调度，最终形成了以家庭和老人个体为中心的新型社会化智慧社区养老服务运行模式。

（五）无锡市

无锡市一直处于全国智慧城市建设领跑城市之列。2014—2016年，无锡市的智慧城市项目重点关注了交通、环境保护和医疗这三个领域。无锡市正在测试或已经启动的项目已经横跨了智能、可持续发展及安全范畴，这些项目包括公共 WiFi、道路交通管理、环境监测、城市应用等。

1. 顺势适度抢位，"物""云"双核驱动

无锡市是 ChinaNet 骨干网节点之一，现已建设了两个云计算示范平台，分别是与 IBM 合作的在无锡滨湖区太湖新城科教产业园建立的中国云计算中心及"盘古天地"SaaS 平台，与曙光合作的在无锡新区建设的 20 万亿次/秒的中国物联网云计算中心。同时，无锡高新区建设有国家传感网创新示范区、清华信息科学与技术国家实验室物联网技术中心、新华社物联网咨询中心，为无锡云计算应用发展提供了产业发展基础。

无锡市政府通过借助物联网与云计算的结合推动整个产业的良性发展，打造成熟的云计算中心、云计算公共服务平台和物联网信息云服务平台。通过政府筑巢引凤，无锡启建中国物联网云计算中心，形成物联网云计算创新示范区，并以此为基础，加快培育集成电路、智能计算、无线通信、传感器、软件和信息服务业等产业发展。通过"智慧城市"应用，建设以物联网为基础的城市信息基础设施和应用强化的云计算基础设施，使物联网和云计算产业互通。无锡市集聚了以海辉、中软、浪潮、福瑞博德、大展等服务外包龙头企业，并吸引了 IBM、富士通、NTT、Sanyo 等跨国巨头聚焦，同时集聚了大唐电信、曙光、东方信联、够快物流等传感网龙头企业，以及五大网络运营商，为无锡云计算产业发展提供了强大的支撑。

2. "物联网+环保"，全面感知生态环境

无锡环境监控物联网应用示范工程作为环保部环保物联网应用示范项目、国家发改委物联网示范项目、国家工信部物联网专项资金支持重点项目，贯彻"物联网+环保"的建设思路，融合大数据、云计算等先进技术，以"全面感知、标准引领、平台支撑、智慧应用"为顶层设计架构。基于"共性平

台+应用子集"的建设模式，对环境要素、污染排放要素及环境风险要素进行全面感知和动态监控,建设全向互联的新型生态环境监测监控物联网体系，探索出可复制的环保物联网建设、运营及运维的市场化和社会化模式，达到国内领先的示范效应。

3. "掌上人医"，实现"智慧医疗"新模式

"掌上人医"项目是无锡市人民医院服务于患者的手机 APP，具备预约,挂号，医生、科室介绍，医院介绍等多种功能。而这些功能将被整合到"智慧无锡"医疗服务项目中，并开设智慧医疗模块，全方位服务本地居民。市民可以随时随地预约挂号，轻松就诊。

无锡市居民可在任何场所通过手机客户端预约无锡市人民医院一周内的专家号，成功预约后，手机会接收到预约成功短信，只需凭短信和就诊卡就可前往医院取号就诊。到医院取完号后，市民还可以在"掌上人医"上快速查询叫号信息，了解排在自己前面的就诊人数，合理安排候诊时间。这一全新挂号方式颇受年轻人欢迎，老年人也可以在子女的帮助下完成手机预约挂号。除此之外，中国首个"互联急救 APP"也在无锡投入使用，通过"互联急救"软件，患者的基础情况就能够第一时间传到急救中心，为抢救赢得宝贵的时间。不仅仅是无锡市民，所有在无锡的外地人，只要加入"互联急救"都能享受到这样的主动急救服务。

（六）宁波市

宁波市按照"顶层设计、统筹规划、联动推进"的总体思路，以智慧应用体系建设为突破口，致力于提升城市管理和服务效能，促进产业经济转型升级，在推进智慧城市建设中取得了丰硕成果。先后获批信息消费、信息惠民、中欧绿色智慧城市等国家级试点，并荣获中国智慧城市推进"十佳城市""领军城市""中国信息化 50 强"等荣誉。

1．聚焦六大智慧产业基地，发挥数字实效

宁波市始终着力于六大智慧产业基地的建设。一是建设网络数据基地。加快培育和建设物联网公共服务平台、智慧城市感知计算服务平台，引进移动通信数据中心、金融数据处理中心等一批面向重点行业应用的数据中心项目，大力推动国家电信、广电运营商与本地企业合作建立云计算中心。二是建设软件研发推广基地。建设宁波市国家高新区软件研发与创新基地，重点引进和培育一批具备较大规模和较强创新能力的软件企业，吸引世界IT百强及国内大型软件公司在园区落户或设立研发中心。三是建设智慧城市装备和产品研发制造基地。重点提升发展一批智能家电、智能电表等设计制造企业。推进现代装备制造产业基地建设，加大与国家科研机构和重点院校合作力度，共建智慧装备和产业研发设计基地，引进一批国内外有实力的大企业和科研机构。四是建设智慧服务业示范推广基地。重点培育和提升现代物流、工业设计、现代金融和电子商务等服务业发展，引进和培育一批信息化程度高、管理精细、服务高效、特色明显、具有较强行业示范带动作用的服务企业。五是建设智慧农业示范推广基地。大力推广应用信息化管理系统、农业专家咨询服务系统和农业电子商务，逐渐实现农产品生产、加工、储藏、运输和市场营销的科学化和智能化。六是建设智慧企业总部基地。鼓励总体实力较强、管理基础较好的装备制造、石化等传统总部企业，加快指挥技术在研发、制造、管理和营销等环节的应用。

2015年，宁波规模以上电子信息产品制造业企业完成工业总产值1 616亿元，占浙江省规模总量的近三成；软件和信息服务业增长28%，培育上市企业19家。深入贯彻落实"互联网+"战略，不断推进制造业智能化、进出口贸易电商化、物流业智慧化，2015年两化融合指数为80.95（浙江指数），居全省前列；跨境电商交易额居全国试点城市前茅；港口物流实现在途可视、资源交易、智能订仓、智慧供应链等服务功能，宁波"海上丝绸之路集装箱运价指数"登陆波罗的海交易所。近期，围绕"中国制造2025"试点示范城

市的创建，加快完善智能传感、存储、计算和应用的产品体系，进一步谋划布局了集成电路、物联网、机器人、石墨烯等战略性新兴产业项目。

2. 宁波政务云构建智慧城市的"核心大脑"

作为宁波智慧城市建设的重要一环，宁波率先建成政务云计算中心，走在全国智慧服务前列。宁波政务云不仅拥有一站式服务模式的创新机制，还蕴藏着海量的城市大数据，构建起智慧城市的"核心大脑"。

2014 年 7 月，宁波市政务云计算中心建设项目启动，包括统一的电子政务基础设施服务平台，数据架构体系和数据服务枢纽，统一的电子政务业务开发与运行平台，数据架构体系和数据服务枢纽，统一的电子政务业务开发与运行平台，基础数据分析战线系统、视频会议平台软件，以及相应的保障体系。2015 年，宁波依托市政务云计算中心建设，初步形成了政务数据共享和开放体系。

作为智慧城市的"核心大脑"，宁波政务云立足顶层，是全市政务资源管理、应用支撑、数据共享、服务保障的总枢纽，实现了从"电厂集中供电"到"全网智能按需输配电"模式的转变，让城市更集约、更绿色、更智慧。2015 年，宁波市 19 个市级部门和 11 个县（市）区的 85 个系统"拎包"入驻政务云平台，直接节约财政建设资金超过 5 000 万元，后期运营维护经费每年节约 1 000 万元，使各个应用部门信息化建设从此"轻装上阵"。围绕"互联网+政府服务"及应用整合的战略需求，宁波按计划统筹推进宁波城市统一 APP 建设，实现政务服务 APP 的统一服务入口、统一用户体验、统一消息推送和统一资源管理，并与浙江政务服务移动客户端实现无缝整合。

3. 打造惠民服务平台，让价格做到信息公开

民生商品关系到千家万户，内容也非常广泛。为了切实惠民，宁波市政府加强制定价格信息公开、进一步落实好行政事业性收费违法违规行为及处理情况的信息公开力度，宁波市着力打造智慧民生价格信息服务平台，优化

现有业务流程，实现各级价格部门业务平台协同合作、业务信息互通、数据资源共享，建立与公众互动的社会公众服务平台，体现价格公共服务内容的针对性、载体的多样性、服务信息的及时性及享受价格公共服务的便捷性，让企业和公众能享受到"权威、有效、便捷"的价格公共服务。

　　围绕"就医难、出行难、就学难"等民生热点、难点问题，着力智慧民生应用体系建设。智慧健康推行电子健康档案、网上预约挂号，形成分级诊疗、信息汇聚共享的医卫协同体系，建立全国首家"云医院"，实现居民"不出家门看云医，不出社区看名医"，开创智慧健康宁波模式。智慧交通着力构建多种出行方式无缝对接的综合交通体系，依托"宁波通"平台提供出行路线规划、出行方式对接、客运购票、停车诱导等二十多项便民服务，大大改善城市居民出行效率，2016年第一季度全国主要城市交通分析报告显示，宁波交通拥堵指数名列48位，比2015年下降了12位。智慧教育整合空中课堂、终身学习和数字化阅读三大应用，打造统一的智慧教育学习平台，搭建统一资源中心，实现优质教育资源共建共享。

七、"智慧佛山"发展策略

（一）贯彻创新驱动，为"智慧佛山"发展提供创新引擎

1. 进一步夯实创新载体

实施创新驱动发展三年行动计划，着力打造"一环创新圈"，推进珠三角国家自主创新示范区建设，全力创建国家创新型城市。加快"互联网+"创新创业示范市建设，高标准打造"丰收街·菁创聚"双创社区等平台，优化创新创业环境，激发创新创业活力。积极发展创客空间、创新工场、开源社区等新型众创空间，结合"双创"示范基地建设，培育一批支持制造业发展的"双创"示范基地。以广东金融高新区为核心，加快构建"互联网+"众创金融示范区和大众创业万众创新支撑平台，推动佛山市"金科产"深度融合。深化与省属驻地高校合作，支持南海大学城及南方医科大学（顺德校区）、广东财经大学（三水校区）等发展，推进国家和省研究生联合培养基地建设。加快在重点产业领域组建一批产业技术创新联盟、研发联盟，鼓励龙头企业与中小企业共同参与、产业链上下游企业联动合作，鼓励联盟开展对外合作交流，支持联盟与硅谷、中关村、上海市、深圳市等地的新型社交化组织建立有效链接，组建跨区域产业联盟网络。

2. 完善创新体制机制

加大政府对科技的扶持力度，完善财政资金与社会资本的联动机制，促进创新创业氛围的快速营造，盘活社会资本，积极将其导向行业关键共性技术的研发上。探索创新跨境跨城区域合作机制，建立健全跨区域产业协同发

展机制，推动设立跨城跨区财政投资引导基金。健全科技成果转化机制，落实高等学校、科研机构科技成果自主处置权和个人激励机制，支持科研院所、创新人才吸引社会民间资本组建新型研发机构，推动科技创新与企业生产协同发展。创新人才引留政策，探索实行企业自评人才入户，以"总量控制，逐年调配"为原则，通过一定可监督的、公平公正的模式向符合条件的社会各界外来优质人才伸出"橄榄枝"。着力建设国家知识产权示范城市和知识产权服务业集聚发展试验区、知识产权投融资试点，建设佛山华南知识产权交易服务中心和佛山市版权作品数据服务平台等综合性平台，全面深化科技创新体制机制改革。

（二）强化城市管理，加速佛山智慧城市品质新提升

1. 积极推进信息基础设施建设

继续推进光纤到户网络改造，加快 4G 网络的深度覆盖和延伸覆盖，推动新一代移动通信基站快速发展，全面推进三网融合，建设技术先进、高速畅通、安全可靠、覆盖城乡、服务便捷的网络基础设施体系。加快发展新一代网络技术，如 10G PON 技术的超宽带光纤、400G 波分复用系统和 4G+移动宽带等先进技术，探索 5G 试验和商用网络，全面引入互联网 IPv6 技术。完善移动互联网、云计算、大数据、物联网等领域的设施部署，促进以信息传输为核心的网络设施往融合感知、传输、存储、计算、处理为一体的智能化信息基础设施的方向演进，实现网随云动。统筹北斗卫星导航系统和宽带卫星通信系统相关领域的技术应用，推进北斗产业化和走出去进程，提升智慧交通、智慧物流的建设水平。进一步强化电子政务云计算中心建设，探索整体外包等服务模式，推进建设市级电子政务云平台和市级电子政务灾备中心。完善电子政务数据共享平台，建设人口、企业法人、地理信息（GIS）、公共信用档案等基础数据库，构建覆盖一市五区的"电子政务云"架构，实

现市、区两级电子政务信息资源的整合共享。

2. 全面深化政务服务改革

深入推进政务服务改革，制定电子政务"十三五"展望和规划、出台《佛山市公共数据资源管理办法》，进一步强化综合信息资源应用的深度和广度，实现市、区两级整体协同推进。加快"互联网+政务服务"发展，完善全市统一的"一门式一网式"政府服务模式改革，打造"异地申请、同城通办"服务模式，全面推进各区自然人通用模式的深度落地，加快搭建全市统一的法人"一门式一网式"平台，统筹政务数据标准化工作，做好数据质量关卡的下沉，提升"12345"平台综合服务水平，加强对网上办事大厅、网上办事大厅手机版、自助终端、服务热线等办事渠道的建设，进一步推进落实企业登记经营和投资建设两个领域的联合审批改革。

3. 提升城市管理精细化水平

统筹推进城市管理和服务，提高数字化管理水平，打造统一信息共享平台，创新城市精细化管理模式。完善社会信用体系建设，推动市场监管体制创新。全力创建国家食品安全示范城市，完善食用农产品质量安全快速检测和追溯体系，提升食品药品基层监管能力。推进城市治安和公共安全系统建设，深化"中心+网格化+信息化"社会治安防控体系建设，实现城市治安管理的统一调度，报警处置、监控联动和资源共享。推进"互联网+"安全生产，完善城市风险点、危险源排查常态化治理体系，深化对交通运输、建筑施工、油气管道、消防等重点行业领域安全生产专项的整治，抓好村级工业区安全生产整治提升工作。

（三）推动转型升级，打造"佛山智造"发展新优势

1. 推动制造业与互联网融合发展

抓紧国家制造业转型升级综合改革试点机遇，加快对接德国"工业4.0"、美国"工业互联网"等先进制造方式，深入实施两化融合贯标工作、"机器引领"计划、机器人及智能装备生产应用"百千万"工程，促进制造企业应用智能装备和新一代信息技术与互联网深度融合发展，创新生产、销售、管理模式，推动生产智能化、装备智能化、产品智能化和管理智能化提升，打造"中国制造2025"示范城市新样板。

2. 大力发展先进装备制造

以建设国家创新型城市为抓手，深入实施"互联网+"行动计划，以智能制造为主攻方向加快制造业转型升级，发挥珠江西岸先进装备制造产业带龙头作用，同时充分利用"国家专用装备高新技术产业化基地"和"广东省智能制造示范基地"两大平台，大力建设珠江西岸装备制造产业创新基地。推动装备制造与人工智能集成创新和融合发展，做强智能装备、汽车制造、新能源装备、节能环保装备等产业领域，打造以智能制造为引领的高端装备制造产业基地。优化招商引资体制机制，瞄准先进装备制造、"工作母机"、战略性新兴产业、现代服务业等领域开展精准招商，着力引进一批投资超10亿元、技术含量高、经济效益好、带动能力强的重大项目。积极创建全国质量强市示范城市，弘扬"匠心铸精品、质量强佛山"理念，全面提升佛山制造美誉度。

3. 加快制造业服务化转型步伐

开展试点示范及宣传推广等工作，推动传统生产企业与互联网企业的跨

界融合发展，将价值链由以制造为中心向以服务为中心转变，创造新的竞争优势。积极推进科技金融、现代物流、工业设计、商贸会展、电子商务、科技服务等生产性服务业发展，引导制造业企业延伸发展产品设计、技术开发、系统控制等增值服务，加快企业由生产制造型向生产服务型企业转变。以广东（潭洲）国际会展中心为依托，办好珠江西岸先进装备制造业投资贸易洽谈会、中国（广东）国际"互联网+"博览会等重大展会，争取中国国际中小企业博览会落户，打造佛山会展品牌。推进国家物流标准化试点城市建设，提升流通网络化、智能化、信息化水平。

（四）坚持文化导向，积极焕发佛山文化名城新风貌

1. 建立现代公共文化服务体系

深入实施"文化佛山"三年行动计划，着眼城乡一体和高位均衡发展，加快实现公共文化服务的标准化、均等化、数字化和社会化，争创国家公共文化服务体系示范区，加快佛山市"文化导向型城市"建设步伐。建立全市公共文化制度体系，完善四级文化设施，推进"城乡十分钟文化圈"建设工程，着力将市级公共文化机构打造为政府与社会之间的桥梁和纽带。探索文化服务的云端化，建设具备服务预约、场馆预定、图书借阅、节目欣赏等功能的"佛山文化 e 网通"数字文化服务平台，逐步对接广东公共文化云，拓宽公共文化资源传输渠道，为群众提供"一站式"数字文化服务。积极在镇（街）、村（社区）开展基层公共文化设施社会化运营试点。

2. 推进佛山文化产业化发展

以特色小镇、专业小镇为重要载体，加快整合佛山现有的岭南文化、产业优势资源，推动文化产业与佛山传统产业交互、跨界和融合发展，打造"文化创意研发型"发展模式，推动发展特色旅游、创意产业，形成以陶瓷文化

与创意设计相融合、家居文化与工业设计相融合等跨界产业，打造旅游文化创意产业融合发展新格局。发展旅游文化创意龙头企业和特色品牌，重点培育一批文化创意产业的骨干企业，建设一批文化创意产业集聚区，延长文化产业链，促进社会资本、金融资本和文化资源融合，打造旅游文化产业新引擎。

（五）坚持惠民为本，探索民生幸福城市建设新模式

1. 大力激发城市主体作用

作为城市主体的"人"，包括居民、企业、政府及其他社会机构。开展"智慧佛山"建设主体的实际需求调研，分析整合智慧佛山建设主体的需求，以"人"的需求为出发点设计顶层规划与实施方案。注重发挥城市主体的作用，提升市民的参与度和参与能力，拓展企业、市民参与智慧城市建设的渠道和模式，形成城市建设主体的合力效应。针对政府工作人员开展信息化、智慧城市等相关领域的培训，加大智慧城市建设成果的宣传力度，使城市更容易被"人"全面感知。立足智慧城市应用效果和民众感，建立健全评价指标体系和机制，不断优化智慧佛山建设。

2. 深化智慧民生服务体系建设

加快"互联网+健康医疗"建设，深化全员人口信息库、健康档案库和电子病历库的融合共享试点，推进医疗健康大数据挖掘利用，加快推进以佛山市居民电子健康档案为基础的相关平台建设，建立实用共享的佛山区域智能卫生信息系统。推进教育管理数字化、教学数字化和学习数字化发展，全面提升"三通两平台"应用模式和工作成效，建设多层次、多渠道可供公民自主学习的网络学习平台，构建具有区域特色的教育信息化创新公共服务体系，实现教育信息资源深层次的共建共享。积极筹划"智慧人社"的建设工

作，推进第三代社保卡的应用，拓展社保卡在卫生、民政、计生、教育公安、公积金等领域的应用。加快推进智慧交通建设，构建技术统一、内容丰富的重点车辆安全监控管理信息平台，完善信息采集体系，实现车辆安全监控管理信息的采集精确化、传递网络化和监督管理实时化。加快建设智慧社区，全面推进社区公共服务综合信息平台建设试点工作，加快推进社区工作平台和社区公众信息平台建设，强化家庭服务信息平台和综合应用平台建设，整合各类家庭服务、生活服务信息、公共安全服务信息和新农村综合服务信息等资源。

3．提升社会化民生服务水平

当前佛山急需通过强化社会资本投入、加强社会化服务渠道、提升数据开放服务水平、创新惠民工程新模式等方式，提升全市社会化民生服务水平。进一步理顺政府与市场的职能，加强制定政策的前瞻性，创新 PPP 产品的实现形式和交易模式，推动政府和社会合作共建的 PPP 模式落实和可持续发展。加大与微信、支付宝等社会化服务渠道的合作广度和深度，加强第三方渠道对政务服务的推广，完善个人信用体系建设。强化政府数据开放意识和数据开放服务的主动性，建立数据开放管理机制和体制，建设并进一步完善数据开放平台，推动数据精准对接民生需求，创新民生服务方式。

附录A　《第六届（2016）中国智慧城市发展水平评估报告》评价指标体系

一级指标	权重	二级指标	权重	评价说明
智慧基础设施	20	基础网络建设水平	5	考察互联网宽带接入率、主要公共场所WLAN覆盖率及城市物联网建设情况，用以评价保障城市智慧建设与运行的网络基础设施支撑能力
		基础信息资源共享协同	10	考察人口、法人、空间地理及宏观经济四大基础数据库及政务信息资源共享交换平台建设情况，用以评价政府基础数据资源统一管理应用水平
		城市云平台应用情况	5	考察城市级云平台应用及信息资源共享情况，用以评价智慧城市云基础设施建设及其集约化水平
智慧治理	20	政府在线服务水平	10	考察本地区以审批、办事为主的政府在线服务平台建设及应用情况，用以评价政府政务在线服务水平
		公共资源交易平台	5	考察本地区共享共用的公共资源交易平台建设情况，用以评价公共资源开放共享水平
		社会化媒体参与度	5	考察政府利用社会化媒体进行政务公开、回应问政的使用情况，用以评价政府政务信息公开及舆情宣传引导的水平
智慧民生	15	社会化民生服务水平	5	考察政府与第三方平台合作、提供民生服务的情况，用以评价政府便民服务水平
		数据开放服务水平	10	考察数据开放平台服务渠道的建设情况及信息获取的便捷性；用以评价数据开放服务水平
智慧经济	15	信息产业发展水平	5	考察城市信息产业产值相关数据，用以评价城市信息产业发展建设水平
		经济产出能耗水平	5	考察城市能源消耗水平，用以评价城市节能水平及经济发展质量
		互联网应用水平	5	考察衣食住行等方面商业化的互联网应用情况，用以综合评估城市互联网相关产业或产业互联网化发展水平
智慧人群	15	信息服务业从业人员情况	5	考察信息化从业人员占全社会从业人员比重情况，用以评价城市人群职业结构智慧化程度
		市民生活网络化水平	5	考察城市居民移动互联网使用情况，用以评价城市居民生活网络化水平
		信息消费水平	5	考察城市人群网购指数，用以评价城市居民信息消费水平

一级指标	权重	二级指标	权重	评价说明
保障体系	15	规划制定与标准体系	5	考察智慧城市总体规划、专项规划、实施方案等内容的顶层方案制定情况及实施国家智慧城市标准体系的程度，以及制定、推广地方智慧城市关键标准情况，用以评价整体规划建设方案的完备性与可行性及建设标准和规范的指导性与操作性
		组织管理与绩效考核	5	考察城市所制定的智慧城市建设配套组织管理机制和管理办法的健全性及绩效考核机制建设执行情况，用以评价智慧城市建设中组织机构与绩效考核的完备性与有效性
		信息安全保障	5	考察智慧城市建设中是否针对信息安全有所策略，包括软硬件设施、制度保障等，是否出现过重大信息安全事故等，用以评价智慧城市建设中信息安全保障能力
附加项	5	加分项	5	1. 获得国内外智慧城市奖项，用以评价智慧城市建设的社会认可度； 2. 考察城市"大众创业万众创新"的相关政策、做法等； 3. 考察城市运营模式相关政策做法等
	-5	减分项	-5	年度中城市发生重大社会安全事件、事故，或者政府失职或不作为导致严重社会后果等
合计	100	（不包括附加项）	100	

附录 B　基于《第六届（2016）中国智慧城市发展水平评估报告》的"智慧佛山"发展水平分析

2010 年佛山首次提出发展"智慧城市"并率先在国内首创"四化融合、智慧佛山"，经过六年的发展，佛山市智慧城市建设硕果累累，总体发展水平持续维持在全国前列，其中在 2012 年、2013 年、2015 年及 2016 年，佛山都位列中国智慧城市前 10 强。

（一）智慧城市领域中的智慧民生与智慧经济相关性最强

为了解智慧城市各一级指标之间的相关关系，采用 2016 中国智慧城市发展水平评估报告得分表[1]，其中，用以计算得分的基础数据采用以下几种方法进行收集：一是文献调查，通过查阅各个样本城市的统计文献、年鉴公报等文献资料，获取第一手准确的官方统计数据，以确保数据的真实有效，这是智慧城市评估的资料和数据的主要来源。二是网络调查，通过调查在统计局、发改委、科技局和经信委等网站发布的相关信息，或其他官方报道资讯，以及通过申请公开渠道获取各项数据等。三是电话调查，通过电话连线，直接对话各个样本城市的政府部门，如统计局、发改委、科技局和经信委等的数据库，直接提取有效的数据资源。

---

1 取自《第六届（2016）中国智慧城市发展水平评估报告》，下同。

借助 SPSS 统计分析软件，使用 Pearson 系数对 2016 年六个一级评估指标得分情况进行相关性检验，结果如表 16 所示。

表 16 《第六届（2016）中国智慧城市发展水平评估报告》——指标相关性

指标		智慧基础设施	智慧治理	智慧民生	智慧经济	智慧人群	保障体系
智慧基础设施	Pearson 相关性	1	0.518**	0.637**	0.636**	0.609**	0.476**
	显著性（双侧）	—	0.000	0.000	0.000	0.000	0.000
	N	201	201	201	201	201	201
智慧治理	Pearson 相关性	0.518**	1	0.507**	0.568**	0.382**	0.264**
	显著性（双侧）	0.000	—	0.000	0.000	0.000	0.000
	N	201	201	201	201	201	201
智慧民生	Pearson 相关性	0.637**	0.507**	1	0.707**	0.651**	0.429**
	显著性（双侧）	0.000	0.000	—	0.000	0.000	0.000
	N	201	201	201	201	201	201
智慧经济	Pearson 相关性	0.636**	0.568**	0.707**	1	0.619**	0.428**
	显著性（双侧）	0.000	0.000	0.000	—	0.000	0.000
	N	201	201	201	201	201	201
智慧人群	Pearson 相关性	0.609**	0.382**	0.651**	0.619**	1	0.439**
	显著性（双侧）	0.000	0.000	0.000	0.000	—	0.000
	N	201	201	201	201	201	201
保障体系	Pearson 相关性	0.476**	0.264**	0.429**	0.428**	0.439**	1
	显著性（双侧）	0.000	0.000	0.000	0.000	0.000	—
	N	201	201	201	201	201	201

标记有"**"的值 [1] 表示在 0.01 水平（双侧）上显著相关

如表 16 所示，所有指标皆呈现正相关关系。所有一级指标两两间均没有呈现极强相关、极弱相关或无相关关系；智慧基础设施与智慧民生、智慧

---

1 一般情况下，可通过以下取值范围判断变量的相关强度：相关系数的绝对值在 0.8～1.0 表示极强相关；0.6～0.8 表示强相关；0.4～0.6 表示中等程度相关；0.2～0.4 表示弱相关；0.0～0.2 表示极弱相关或无相关。

经济和智慧人群，智慧民生与智慧经济和智慧人群，以及智慧经济与智慧人群，六对一级指标均呈现强相关关系；智慧基础设施与智慧治理和保障体系，智慧治理与智慧民生和智慧经济，智慧民生与保障体系，智慧经济与保障体系，智慧人群与保障体系，七对一级指标均呈现中等程度相关关系；智慧治理与智慧人群和保障体系，两对一级指标均呈现弱相关关系。

其中，智慧经济与智慧民生的相关系数最高（0.707），呈现强相关关系，可能表明智慧经济是否发展良好，与智慧民生建设是否良好有密切关系，往往在智慧民生表现良好的城市，其在智慧经济的成绩并不会太差。

（二）在智慧基础设施和智慧治理等方面基本与深圳市持平

下面对佛山市在各一级指标下的得分率进行分析，因 2014 年及以前的中国智慧城市发展水平评估报告的评价指标体系不一致，故只选取 2015 年与 2016 年的评估数据。

从 2015 年的得分率可以看出，佛山市在智慧基础设施、智慧治理、智慧人群、智慧经济、保障体系相对于无锡有较大的差距，仅在智慧民生方面发展较好，得分率超过了无锡。2016 年佛山市在智慧基础设施、智慧治理和保障体系方面对比 2015 年提升较快，已基本与深圳持平，但在智慧人群、智慧经济和智慧民生方面发展较慢，与深圳和广州存在一定差距。

进一步对佛山市自身在 2015—2016 年各指标得分率进行分析。可以看出，佛山市在智慧基础设施、智慧人群和智慧经济方面发展稳中求进，智慧治理方面略有上升，值得注意的是，2015 年的智慧民生与 2016 年的保障体系两方面出现了"此消彼长"的现象，可能表明佛山市在保障体系与智慧民生两方面存在一定的敏感内在关系，在未来，做好保障体系与智慧民生双方的把控，使其协同共进更有利于佛山市智慧城市的均衡发展。

（三）在社会化民生和数据开放的服务水平方面需要提升

为客观权衡佛山市在 17 个二级指标下的发展水平，考虑到佛山市的经济特征、区位优势和对标城市，选取深圳、东莞、广州和宁波四个城市，通过变异系数法来比较它们的发展差异，数据出自 2016 中国智慧城市发展水平评估报告得分表。

主要关注差异程度处于头三位和末三位的二级指标，如表 17 所示，发展水平差异程度较大的二级指标为信息消费水平、社会化民生服务水平和数据开放服务水平，发展水平差异程度微小的二级指标为政府在线服务水平、基础信息资源共享协同和公共资源交易平台。分别作出五市在这两方面的得分图。

表 17 二级指标变异系数

序号	二级指标	变异系数
1	公共资源交易平台	0.00%
2	基础信息资源共享协同	6.94%
3	政府在线服务水平	8.49%
4	城市云平台应用情况	10.73%
5	经济产出能耗水平	11.91%
6	信息安全保障	11.91%
7	基础网络建设水平	19.50%
8	规划制定与标准体系	20.20%
9	互联网应用水平	20.21%
10	市民生活网络化水平	21.03%
11	信息服务业从业人员情况	22.59%
12	社会化媒体参与度	23.78%
13	组织管理与绩效考核	24.16%
14	信息产业发展水平	25.97%

续表

序号	二级指标	变异系数
15	数据开放服务水平	31.57%
16	社会化民生服务水平	34.08%
17	信息消费水平	49.58%

从图 19 可以看出，佛山市对比其余四个城市，在二级指标信息消费水平、社会化民生服务水平和数据开放服务水平方面均处于中下游，整体得分分化较大，说明较其他四个城市而言，佛山市在三个二级指标所对应的领域仍有较大提升空间，其余城市在推进该方面的举措中存在可以借鉴学习的内容。

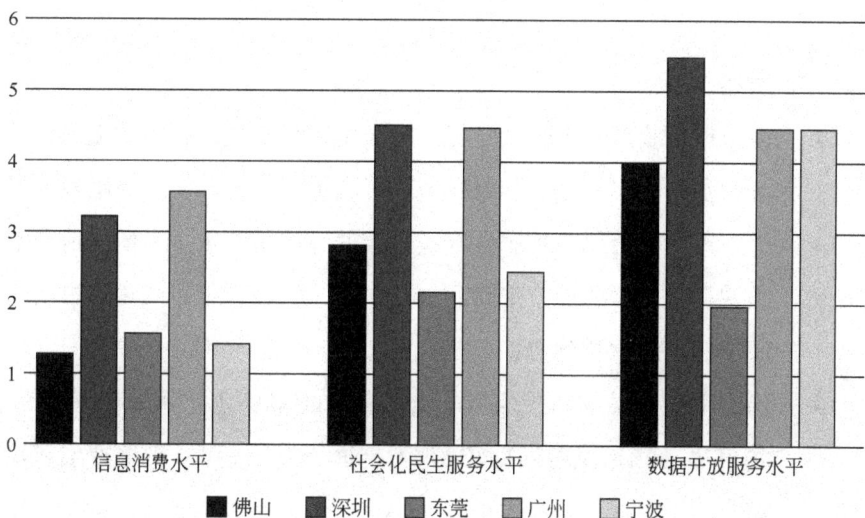

图 19　发展水平差异较大的指标得分

从图 20 可以看出，佛山市对比其余四个城市，在二级指标公共资源交易平台、政府在线服务水平和基础信息资源共享协同方面均基本持平，整体得分状况趋同，说明在三个二级指标所对应的领域，五市在当前的发展模式下可能已接近饱和，有待开辟新的发展模式，才有可能取得突破。

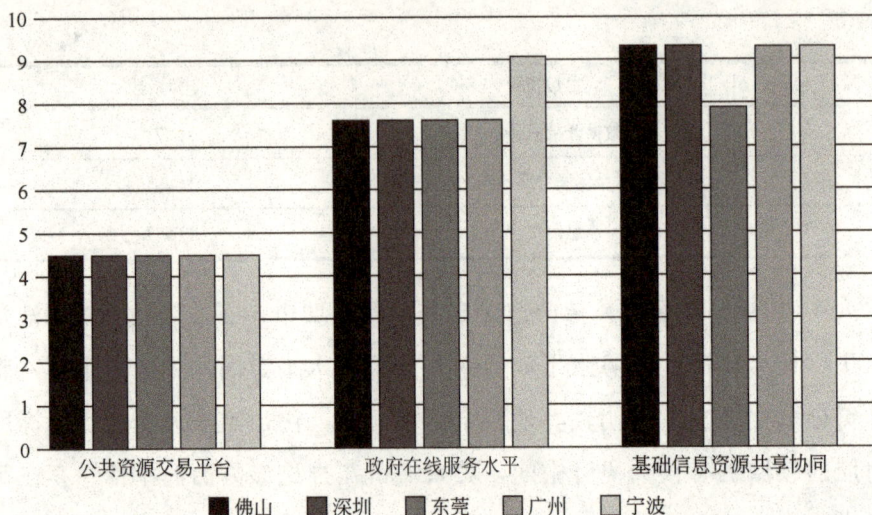

图20　发展水平差异微小的指标得分

综上所述，得到以下结论。

➢ 佛山市在智慧城市建设过程中，强化智慧民生或有利于提高智慧经济的发展水平，强化智慧经济或有利于深化智慧民生的服务水平。

➢ 佛山市在社会化民生服务水平、数据开放服务水平和信息消费水平领域存在较大的提升空间，也许能在深圳、东莞、广州和宁波四个城市的做法中找到借鉴。

➢ 佛山市在公共资源交易平台、政府在线服务水平和基础信息资源共享协同领域虽发展良好，但可能面临发展瓶颈，或需要创新发展模式。

➢ 佛山市在智慧城市建设过程中，把握好智慧民生和保障体系领域的平衡发展，或有利于智慧佛山各细分领域建设工作的整体推进。